Rainer Maria Rilke, geboren am 4. Dezember 1875 in Prag, ist am 29. Dezember 1926 in Val-Mont (Schweiz) gestorben.

»Das Schönste bei weitem war die Provence, das müßten Sie einmal tun«, schrieb Rainer Maria Rilke 1911 über eine Reise von Paris nach Bologna, die ihm auch eine Wiederbegegnung mit der von ihm lebenslang geliebten Landschaft Südfrankreichs beschert hatte. Noch kurz vor seinem Tod hoffte er, hier einmal seinen endgültigen Wohnsitz nehmen zu können.

Die Provence, als Land des Lichtes und der Weite, gehörte für ihn zu den Orten, an denen er das »ungefähre Sehen« überwand, an denen er »Sehen lernte«. In dieser Ausgabe erstmals gesammelt sind Rilkes briefliche Äußerungen über seine Provence-Reisen sowie dichterische Texte, die sich der Inspiration durch diese Landschaft und diesen Kulturraum verdanken. Irina Frowen geht in ihrem Nachwort der Anverwandlung von Rilkes Eindrücken nach. Der Fotograf Constantin Beyer folgte Rilkes Reiseempfehlungen, so, wie Rilke selbst einst den Spuren Cézannes und Petrarcas gefolgt ist. Er hat jene Orte im Bild festgehalten, von denen Rilke besonders bezaubert war: Les-Saintes-Maries-de-la-Mer mit der Marien-Wallfahrt, Aix-en-Provence, den Lebensraum des Malers Paul Cézanne, die Felsenstadt Les Baux, das Theater zu Orange, Arles mit den Alyscamps, den Mont Ventoux, wo Rilke Petrarcas Aufstieg gedanklich nachvollzog, Tarascon, Beaucaire und schließlich Avignon, die Papststadt, die dem Dichter besonders »viel zu sehen« gab.

insel taschenbuch 2148
Mit Rilke
durch die Provence

*Villeneuve-lès-Avignon, Fort St. André*

# *Mit Rilke durch die Provence*

Herausgegeben von Irina Frowen
Mit farbigen Fotografien
von Constantin Beyer
Insel Verlag

Umschlagabbildung: Burg in Tarascon

insel taschenbuch
Erste Auflage 1998
Originalausgabe
© Insel Verlag Frankfurt am Main und Leipzig 1998
Alle Rechte vorbehalten
Vertrieb durch den Suhrkamp Taschenbuch Verlag
Umschlag nach Entwürfen von Willy Fleckhaus
Satz: Hümmer GmbH, Waldbüttelbrunn
Druck: MZ-Verlagsdruckerei GmbH, Memmingen
Printed in Germany

1 2 3 4 5 6 – 03 02 01 00 99 98

# *Mit Rilke durch die Provence*

> Das Schönste bei weitem war
> die Fahrt durch die Provence,
> das müßten Sie einmal tun...

*An Hedwig Fischer, 25. Oktober 1911*

*Les-Saintes-Maries-de-la-Mer*

*Der Ort am äußersten Meerrand der flachen silberflorigen versalzten Camargue.*

An Sidonie Nádherný von Borutin, 5. August 1909

*Abbildung Seite 9: Les-Saintes-Maries-de-La-Mer*

*An Lou Andreas-Salomé*
*12. Juni 1909*

Die Wallfahrt nach den *Saintes-Maries* war seltsam; der kleine flache Ort am Meer, aus dem sich nur die feste bezinnte Kirche stark und zusammengefaßt aufhebt, voller Pilger, Hunde und Zigeuner; eine gemeinsame lange Nachtwache aller dieser Geschöpfe im dunkeln unzugänglichen Kircheninnern, bei immer mehr Kerzen, bei provençalischem Gesang, bei einzelnen hohen graden Rufen um ein Wunder; und draußen immerzu das Meer.

*An Sidonie Nádherný von Borutin*
*5. August 1909*

Habe ich Ihnen, da ich zuletzt schrieb, von meiner provençalischen Reise erzählt, von dem Ort Les Saintes Maries am äußersten Meerrand der flachen silberflorigen versalzten Camargue? Ich denke jetzt viel daran zurück an jenen Wallfahrtstag und jene lange Pilgrimsnacht, die ganz in der alten festen Kirche verging. Aus dem Kapellen-Fenster hoch über dem Hauptaltar war am Nachmittag der kleine bemalte Doppelsarg der beiden heiligen Marien langsam herabgesenkt worden, auf die erhobenen Gesichter, auf die vielen glänzenden Augen zu, in die

*Marien-Prozession*

Erwartung, in das Anrufen und Ansingen hinein; und lange noch eh er aufruhte auf dem bereiteten Tisch, hatte man kleine Kinder mit immer gestreckteren Armen dem schwankend abwärtskommenden Behältnis entgegengehalten: sehr welke kleine Kinder, damit das wunderfähige Reliquär erst an ihre schweren unreifen Köpfchen rühre, die wie halbgeknickt auf das Wickelkleid absanken. Und dahinter drängten Erwachsene und hoben die leeren Hände, und drüben hielt einer krampfhaft eine Krücke hinauf, damit durch sie das heiße Wunder in ihn einstürze, das trostlose Holz zerstörend, das warm war von seiner Schulter und dürr von seiner mürrischen Last. Unten aber im Kirchenschiff oder wo er mitten zur Krypta hinunterging, hatte sich etwas losgelöst mit einem Schrei; und nun bohrte es sich durch das volle Nebeneinanderstehn: die Menge stülpte sich auf wie Erde über dem Maulwurf, der Gang pflanzte sich seltsam gewunden fort und da, am Choraufgang, konnte man, den Anfang eines Momentes lang, sehen was es war: nicht länger; denn gleich darauf verschwand es wieder, tauchte weg, sank hin mit einem schwachen abseufzenden Schlußton in einen Kreis Umstehender, die es verdeckten. Wer aber den Augenblick vorher die Stelle, von oben schauend, gefunden hatte, der hatte ein Mädchen gesehen, eine grade junge Zigeunerin, aufwärtsgespannt und mit dem aufgerissenen Gesicht empfangend, was ihr da irgendwo wiedererschien, blauauftauchend vielleicht, und hinüberblühend ins Weiß und weißglühend und blendend zuletzt, so daß sie es nicht mehr ertrug und im feurigen Glück der Vision aufbrannte mit allen Sinnen. Aber schon war die Wegsinkende vergessen; nur eine alte wirrgraue Zigeunerfrau stieß sich zu ihr durch. Man sah noch, wie sie an einer der dünnen Opferkerzen (von denen Hunderte, sich gegenseitig anschmelzend, den ganzen Chorrand entlang lichterten) eine Cigarrette anbrannte, um der Ohnmächtigen das scharfe Geräuch in den Mund zu atmen –. Man sah es kaum: denn inzwischen glitt und glitt das Herabschwebende an den ersten einzelnen Berührungen hin ins Erreichbare, ins Überallberührt-Sein. Und bevor es noch im Aufruhn sich seiner Schwere bewußt geworden war, häufte man schon Kinder, schreiende oder lachende, wie es kam, in die eingeschrägte Mulde, die der Zwillingsdeckel mit seinen beiden Dächern bildete. Und legte Gegenstände dazu, Kerzen, Flaschen mit im nächsten Moment schon geweihtem Wasser, kleine Photographien in Pelüsche gerahmt, ein Buch, ein Bündel Blumen, irgend ein abgenutztes Lieblingsding...

Hab ich gut erzählt? Ich wollte gerne erzählen, nicht schreiben, um die liebe Einbildung zu erzeugen, daß ich vor Ihnen stünde wie damals in dem

*Opferkerzen in der Krypta*

Erkerzimmer, wo ich Ihnen von der Dame à la Licorne sprechen durfte. Erinnern Sie? Und den Rest der Wallfahrt, den Abend die Nacht, den Morgen (denn alles das verging weiter in der alten festen Dorfkirche) soll ichs nicht wirklich lassen bis einmal zum Erzählen?

*Aix-en-Provence*

*Ich war ein paar Tage in der Provence bei einer wunderlichen Wallfahrt nach den Saintes-Maries und dann in Aix auf den Spuren Cézanne's; es war alles überaus merkwürdig, nur war ich nicht tüchtig genug, alles so aufmerksam zu schauen, wie ichs hätte mögen und müssen.*

An Karl und Elisabeth von der Heydt, 12. Juni 1909

*Abbildung Seite 17: Auf dem Cours Mirabeau*

*An Clara Rilke*
*Aix en Provence, Hôtel Nègue-coste,*
*Freitag früh [28. 5. 1909]*

Dein Brief kam vorgestern, gleich nach meiner Ankunft, in meine Hände; mit dem Abendbrot zugleich: es bestand aus Milch, Brot und sehr schönen Erdbeeren, und ich nahm es auf meinem Zimmer ein: da fügte er sich lieb und passend dazu.

Du hast gut verstanden, daß ich nicht schrieb, nichts sagen mochte noch konnte: es ist so und so. (Gott weiß, wie es ist.) Jedenfalls freu ich mich oft, daß ich gereist bin. Wunderlich ist es zu reisen: Was hab ich alles gesehen. Dabei noch nicht mal gut gesehen, nur so eben hin; wenn man nun erst richtig schaute und reiste, was müßte dabei herauskommen...

Hier ist ein guter Wind über der Landschaft, die noch ganz frühlinglich ist und leicht; es ist kühler als unten am Meer und weniger unbeholfen zu wohnen; im ganzen schön. Guten Sonntag und sonst Liebes zu allem

Rainer Maria.

*An Clara Rilke*
*9. Oktober 1907*

[…] heute wollte ich Dir ein wenig von Cézanne erzählen. Was die Arbeit angeht, so behauptete er, er hätte bis zu seinem vierzigsten Jahre als Bohémien gelebt. Da erst, in der Bekanntschaft mit Pissaro, wäre ihm der Geschmack an der Arbeit aufgegangen. Aber dann auch so sehr, daß er die späteren dreißig Jahre seines Lebens nur noch gearbeitet hat. Ohne Freude eigentlich, wie es scheint, in fortwährender Wut, im Zwiespalt mit jeder einzelnen seiner Arbeiten, deren keine ihm das zu erreichen schien, was er für das Unentbehrlichste hielt. La réalisation nannte er es, und er fand es bei den Venezianern, die er früher im Louvre gesehen und wieder gesehen und unbedingt anerkannt hatte. Das Überzeugende, die Dingwerdung, die durch sein eigenes Erlebnis an dem Gegenstand bis ins Unzerstörbare hinein gesteigerte Wirklichkeit, das war es, was ihm die Absicht seiner innersten Arbeit schien; alt, krank, von der gleichmäßigen täglichen Arbeit jeden Abend bis zur Ohnmacht verbraucht (so sehr, daß er oft um sechs beim Dunkelwerden nach einem sinnlos eingenommenen Abendbrot schlafen ging), böse, mißtrauisch, jedesmal auf dem Weg zu seinem Atelier verlacht, verspottet, mißhandelt, – den Sonntag aber feiernd, die Messe und Vesper hörend wie als Kind,

*Montagne Ste. Victoire*

und von Madame Brémond, seiner Haushälterin, sehr höflich ein etwas besseres Essen verlangend –: hoffte er von Tag zu Tag vielleicht doch noch das Gelingen zu erreichen, das er als das einzige wesentliche empfand. Dabei hatte er seine Arbeit (wenn man dem Berichterstatter aller dieser Tatsachen, einem nicht sehr sympathischen Maler, der mit allen eine Weile gegangen war, – glauben darf) auf das eigensinnigste erschwert. Bei Landschaftlichem oder Nature morte gewissenhaft vor dem Gegenstand aushaltend, übernahm er ihn doch nur auf äußerst komplizierten Umwegen. Bei der dunkelsten Farbigkeit einsetzend, deckte er ihre Tiefe mit einer Farbenlage, die er ein wenig über sie hinausführte und immer so weiter, Farbe über Farbe hinaus erweiternd, kam er allmählich an ein anderes kontrastierendes Bildelement, bei dem er, von einem neuen Zentrum aus, dann ähnlich verfuhr. Ich denke mir, daß die beiden Vorgänge, des schauenden und sicheren Übernehmens und des Sich-Aneignens und persönlichen Gebrauchens des Übernommenen, sich bei ihm, vielleicht infolge einer Bewußtwerdung, gegeneinander stemmten, daß sie sozusagen zugleich zu sprechen anfingen, einander fortwährend ins Wort fielen, sich beständig entzweiten. Und der Alte ertrug ihren Unfrieden, lief in seinem Atelier auf und ab, das falsches Licht hatte, weil der Baumeister es nicht für nötig hielt, auf den alten Wunderling zu hören, den man in Aix nicht ernst zu nehmen übereingekommen war. Er lief hin und her in seinem Atelier, wo die grünen Äpfel herumlagen, oder er setzte sich verzweifelt in den Garten und saß. Und vor ihm lag die kleine Stadt, ahnungslos, mit ihrer Kathedrale; die Stadt für anständige und bescheidene Bürger, während er, wie sein Vater, der Hutmacher war, vorausgesehen hatte, anders geworden war; ein Bohémien, wie der Vater es sah und wie er selber es glaubte. Dieser Vater hatte, wissend, daß Bohémiens in Elend sind und sterben, sich vorgenommen, für den Sohn zu arbeiten, war eine Art kleiner Bankier geworden, dem die Leute (»weil er ehrlich war«, wie Cézanne sagte) ihr Geld brachten, und Cézanne verdankte es seiner Vorsorge, daß er später genug hatte, um ruhig malen zu können. Vielleicht ist er zum Begräbnis dieses Vaters gekommen; seine Mutter liebte er auch, aber als sie bestattet wurde, war er nicht da. Er befand sich »sur le motif«, wie er es nannte. Damals war die Arbeit schon so wichtig für ihn und vertrug keine Ausnahme, nicht einmal die, die seine Frömmigkeit und Schlichtheit ihm doch sicher anempfohlen haben mußte.

In Paris wurde er bekannt, allmählich noch mehr. Aber gegen solche Fortschritte, die er nicht machte (die die anderen machten und obendrein noch *wie* –), hatte er nur Mißtrauen; zu deutlich stand ihm in der Erinnerung, was für ein mißverstandenes

Bild seines Schicksals und seines Wollens Zola (der sein Bekannter von der Jugend her und sein Landsmann war) im »Œuvre« von ihm entworfen hatte. Seither war er *zu* für alle Schreiberei: »Travailler sans le souci de personne et devenir fort –« schrie er seinen Besucher an. Aber mitten im Essen stand er auf, als dieser von Frenhofer erzählte, dem Maler, den Balzac, in unglaublicher Voraussicht kommender Entwicklungen, in seiner Novelle des Chef d'Œuvre inconnu (von der ich Dir mal erzählte), erfunden hat und den er durch die Entdeckung, daß es eigentlich keinen Kontur gibt, sondern lauter schwingende Übergänge – an einer unmöglichen Aufgabe zugrunde gehen läßt –, dies vernehmend steht der Alte bei Tische auf, trotz Madame Brémond, die solchen Unregelmäßigkeiten gewiß nicht günstig war, und, vor Erregung ohne Stimme, kommt er mit seinem Finger immer wieder deutlich auf sich zu und zeigt sich, sich, sich, so schmerzhaft das auch gewesen sein mag. Nicht Zola hatte begriffen, um was es sich handelte; Balzac hatte vorausgeahnt, daß es beim Malen plötzlich zu so etwas Übergroßem kommen kann, mit dem keiner fertig wird.

Aber den nächsten Tag fing er trotzdem wieder an mit seiner Bewältigung; schon um sechs Uhr stand er auf jeden Morgen, ging durch die Stadt in sein Atelier und blieb dort bis zehn; dann kam er auf demselben Weg zurück zum Essen, aß und war wieder

*Cézannes Stadthaus in der Rue Boulegon*

unterwegs, oft noch eine halbe Stunde über das Atelier hinaus, »sur le motif« in ein Tal, vor dem das Gebirge der Sainte Victoire sich mit allen seinen tausend Aufgaben unbeschreiblich erhob. Dort saß er dann stundenlang, damit beschäftigt, die »plans« (von denen er sehr merkwürdigerweise genau mit denselben Worten wie Rodin immer wieder spricht) zu finden und hereinzunehmen. Oft überhaupt erinnert er an Rodin in seinen Aussprüchen. So wenn er sich beklagt, wie sehr man täglich seine alte Stadt zerstört und entstellt. Nur daß, wo Rodins großes, selbstbewußtes Gleichgewicht zu einer sachlichen Feststellung führt, ihn, den kranken, vereinsamten Alten, die Wut überfällt. Abends ergrimmt er sich heimkehrend gegen irgendeine Veränderung, kommt in Zorn und verspricht sich schließlich, als er merkt, wie sehr der Ärger ihn erschöpft: zu Hause will ich bleiben; arbeiten, nur noch arbeiten.

Aus solchen Abänderungen zum Schlechten in dem kleinen Aix schließt er dann entsetzt, wie es erst anderwärts zugehen muß. Als einmal von dem gegenwärtigen Zustand, von Industrie und alledem die Rede war, brach er aus: »mit furchtbaren Augen«: Ça va mal… C'est effrayante la vie!

Draußen ein unbestimmtes Furchtbares im Zunehmen; ein wenig näher heran Gleichgültigkeit und Spott, und dann plötzlich dieser Alte in seiner Arbeit, der Akte nur noch nach alten Zeichnungen malt, die er vor vierzig Jahren in Paris gemacht hat, wissend, daß Aix ihm kein Modell erlauben würde. »In meinem Alter«, sagt er – »könnte ich höchstens eine Fünfzigjährige bekommen, und ich weiß, daß nicht einmal eine solche Person in Aix zu finden wäre.« So malt er nach seinen alten Zeichnungen. Und legt sich seine Äpfel hin auf Bettdecken, die Madame Brémond gewiß eines Tages vermißt, und stellt sich seine Weinflaschen dazwischen und was er grade findet. Und macht (wie Van Gogh) seine »Heiligen« aus solchen Dingen; und zwingt sie, *zwingt sie*, schön zu sein, die ganze Welt zu bedeuten und alles Glück und alle Herrlichkeit, und weiß nicht, ob er sie dazu gebracht hat, es für ihn zu tun. Und sitzt im Garten wie ein alter Hund, der Hund dieser Arbeit, die ihn wieder ruft und ihn schlägt und hungern läßt. Und hängt doch mit allem an diesem unbegreiflichen Herrn, der ihn nur am Sonntag zum lieben Gott, wie zu seinem ersten Besitzer, zurückkehren läßt, für eine Weile. – (Und draußen sagen die Leute: »Cézanne«, und die Herren in Paris schreiben seinen Namen mit Betonung und stolz darauf, gut unterrichtet zu sein –.)

Das wollte ich Dir alles erzählen; es hängt ja mit vielem um uns und mit uns selbst an hundert Stellen zusammen.

Draußen regnet es verschwenderisch, nach wie vor. Leb wohl ... morgen spreche ich wieder von mir. Aber Du wirst wissen, wie sehr ichs auch heute getan habe ...

*An Edith von Bonin*
⟨*Ratschläge für einen Besuch in Aix*⟩
*Juni 1909*

Beifolgend ein kleiner Plan (dessen Zustand ich zu entschuldigen bitte). Die blaue Linie zeigt den Weg nach dem Château de Bouffan an; am Ende des B$^d$ de la République, beim Octroi angelangt, wählt man die mittlere Straße die sich ins Land gehen läßt, *nicht* die rechts ansteigende. Dann ist es der nächste große Besitz\* linker Hand, von einer Mauer umschlossen, mit Haus und großen Bäumen im Hintergrund. Rue Boulegon (blau bezeichnet) liegt das Stadthaus Cézannes, an einem Atelierfenster oben kenntlich. Die dreifache blaue Linie über den Cours de l'Hôpital hinaus, giebt den Weg an zu der Gegend, wo C. zuletzt wohnte oder vielleicht nur arbeitete. *Rot* bezeichnet endlich ist die Straße nach der ›Montagne‹, die er oft fuhr, links in die Höhen sich verlierend ›sur le motif‹. Das Hôtel ist ebenfalls mit Rot bezeichnet, in dem zu wohnen sich empfiehlt. Diesen kleinen Plan, sowie den mitfolgenden Umgebungsplan von Aix bitte ich Sie mitzunehmen und

---

\*Landgut von Paul Cézannes Eltern

*Jas de Bouffan in der Route de Galice*

an Ort und Stelle zu verwenden; eine kleine Orientierungshülfe ist vielleicht doch damit geboten.

*An Clara Rilke*
*21. Oktober 1907*

... Ich wollte aber eigentlich noch von Cézanne sagen: daß es niemals noch so aufgezeigt worden ist, wie sehr das Malen unter den Farben vor sich geht, wie man sie ganz allein lassen muß, damit sie sich gegenseitig auseinandersetzen. Ihr Verkehr untereinander: das ist die ganze Malerei. Wer dazwischenspricht, wer anordnet, wer seine menschliche Überlegenheit, seinen Witz, seine Anwaltschaft, seine geistige Gelenkigkeit irgend mit agieren läßt, der stört und trübt schon ihre Handlung. Der Maler dürfte nicht zum Bewußtsein seiner Einsichten kommen (wie der Künstler überhaupt): ohne den Umweg durch seine Reflexion zu nehmen, müssen seine Fortschritte, ihm selber rätselhaft, so rasch in die Arbeit eintreten, daß er sie in dem Moment ihres Übertritts nicht zu erkennen vermag. Ach, wer sie dort belauert, beobachtet, aufhält, dem verwandeln sie sich wie das schöne Gold im Märchen, das nicht Gold bleiben kann, weil irgendeine Kleinigkeit nicht in Ordnung war. Daß man Van Goghs Briefe so gut lesen kann, daß sie so viel enthalten, spricht im

*Paul Cézanne, Häuser in der Provence*

Grunde gegen ihn, wie es ja auch gegen den Maler spricht (Cézanne danebengehalten), daß er das und das wollte, wußte, erfuhr; daß das Blau Orange aufrief und das Grün Rot: daß er solches, heimlich an dem Innern seines Auges horchend, hatte drinnen sagen hören, der Neugierige. So malte er Bilder auf einen einzigen Widerspruch hin, dabei auch noch an die japanische Vereinfachung der Farbe denkend, die eine Fläche auf den nächsthöheren oder nächsttieferen Ton setzt, unter einen Gesamtwert summiert; welches wieder zu dem gezogenen und ausgesprochenen (d. h. erfundenen) Kontur der Japaner führt als Einfassung der gleichgesetzten Flächen: zu lauter Absicht, zu lauter Eigenmächtigkeit, mit einem Wort zur Dekoration.

*Arles*

*Im seelengewohnten Schatten der Alyscamps.*

    Aus: Die Aufzeichnungen des Malte Laurids Brigge

*Abbildung Seite 33: Les Alyscamps*

*An Paula Modersohn-Becker*
*5. Februar 1907*

Wir waren darüber einig, wieviel Freude es Ihnen machen müßte, diese Malerei zu sehen, deren rein malerische Werte mit dem Alter und der Zerstörung immer deutlicher sichtbar geworden sind. Vielleicht unter dem Einfluß dieser Farbigkeit erschien uns die südliche Landschaft, mit der wir vor drei Jahren noch so wenig anzufangen wußten, grade in jenen gemeinsamen Tagen, voll der Aufgaben für einen Künftigen. Van Gogh, der Arles so sehr genoß, hätte auch hier zu der Einsicht des Großen kommen können, dessen Anwachsen (und Über-ihn-Hinauswachsen) seine schlichten, sachlichen Briefe so kostbar macht.

⟨*Hirtenjahre*⟩ \*

Und erst dann, erst in den Hirtenjahren, beruhigte sich seine viele Vergangenheit.

Wer beschreibt, was ihm damals geschah? Welcher Dichter hat die Überredung, seiner damaligen Tage Länge zu vertragen mit der Kürze des Lebens? Welche Kunst ist weit genug, zugleich seine schmale, vermantelte Gestalt hervorzurufen und

\*Aus: *Die Aufzeichnungen des Malte Laurids Brigge*

*Sarkophage der Alyscamps*

den ganzen Überraum seiner riesigen Nächte. – Das war die Zeit, die damit begann, daß er sich allgemein und anonym fühlte wie ein zögernd Genesender. Er liebte nicht, es sei denn, daß er es liebte, zu sein. Die niedrige Liebe seiner Schafe lag ihm nicht an; wie Licht, das durch Wolken fällt, zerstreute sie sich um ihn her und schimmerte sanft über den Wiesen. Auf der schuldlosen Spur ihres Hungers schritt er schweigend über die Weiden der Welt, Fremde sahen ihn auf der Akropolis, und vielleicht war er lange einer der Hirten in den Baux und sah die versteinerte Zeit das hohe Geschlecht überstehen, das mit allem Erringen von Sieben und Drei die sechzehn Strahlen seines Sterns nicht zu bezwingen vermochte. Oder soll ich ihn denken zu Orange, an das ländliche Triumphtor geruht? Soll ich ihn sehen im seelengewohnten Schatten der Allyscamps, wie sein Blick zwischen den Gräbern, die offen sind wie die Gräber Auferstandener, eine Libelle verfolgt?

*Die Sonette an Orpheus, X*

Euch, die ihr nie mein Gefühl verließt,
grüß ich, antikische Sarkophage,
die das fröhliche Wasser römischer Tage
als ein wandelndes Lied durchfließt.

Oder jene so offenen, wie das Aug
eines frohen erwachenden Hirten,
– innen voll Stille und Bienensaug –
denen entzückte Falter entschwirrten;

alle, die man dem Zweifel entreißt,
grüß ich, die wiedergeöffneten Munde,
die schon wußten, was schweigen heißt.

Wissen wirs, Freunde, wissen wirs nicht?
Beides bildet die zögernde Stunde
in dem menschlichen Angesicht.

*Les Baux*

*Die »Baux«: herrliche Landschaft in der Provence, ein Hirtenland [...] Weit herum Weideplätze: daher ist hier der Hirte aufgerufen, [...] der mit seinen Herden, milde und zeitlos, wie ein Gewölk, über die noch erregten Stätten eines großen Verfalls zieht.*

An Witold Hulewicz, 10. November 1925

*Abbildung Seite 39: Les Baux*

*Les Baux, um den 1. Oktober 1909*

Scharfer Burgbruch, alter Unterkiefer
ausgehenkt aus dem Gebiß der Zeit
........
Wann ist die Zeit, die diese Dinge mindert?
Ich wartete: doch nie zerbrach ein Stein.

*An Lou Andreas-Salomé*
*23. Oktober 1909*

Hast Du nie von Les Baux gehört? Man kommt von Saint-Remi, wo die Provence-Erde lauter Felder von Blumen trägt, und aufeinmal schlägt alles in Stein um. Ein völlig unverkleidetes Tal geht auf und, kaum der harte Weg drin ist, schließt es sich hinter ihm zu; schiebt drei Berge vor, schräg hintereinander aufgestemmte Berge, drei Sprungbretter sozusagen, von denen drei letzte Engel mit entsetztem Anlauf abgesprungen sind. Und gegenüber, fern in die Himmel eingelegt wie Stein in Stein, heben sich die Ränder der seltsamsten Ansiedlung herauf, und der Weg hin ist so von den immensen Trümmern, (man weiß nicht, ob Berg- oder Turmstücken) verlegt und verstürzt, daß man meint, selber auffliegen zu müssen, um in die offene Leere dort oben eine Seele zu tragen. Das ist Les Baux. Das war eine Burg, das waren Häuser um sie, nicht gebaut, in die Kalksteinschichten hineingehöhlt als wären die Menschen durch eigensinniges Wohnenwollen dort zu Raum gekommen, wie der Tropfen aus der Traufe, der erst abrollt, wo er auffällt und nicht nachgibt und schließlich mit seinesgleichen wohnt und bleibt. Die dort vor allem blieben, das waren die ersten jenes fast schon legendischen Geschlechts der Herrn der Baux, das mit einem Sonderling in Neapel im 17. Jahrhundert, unruhig und zuckend verlischt, wie ein Kerzenrest, der merkwürdig Abgetropftes ansetzt und qualmt. Aber der das Haus begründete, dereinst, von dem wurde bis auf den Letzten überliefert, daß er der Urenkel des Königs Balthasar aus dem Morgenland gewesen sei und eines heiligen Drei-Königs echter Erbe. Und noch der alte verrückte *Marchese* in Neapel siegelte mit seinem sechzehnstrahligen Stern.

Von dem harten Lager der Baux erhob sich dieses Geschlecht, für Jahrhunderte ausgeruht. Sein Ruhm hatte Mühe, ihm zu folgen und, bei dem Ungestüm des Aufstiegs, blieben an seiner Krone die glänzendsten Namen hängen. Sie wurden Herren von 79 Städten und Ortschaften; sie waren Grafen von Avellin, *Vicomtes* von Marseille, Prinzen von Orange und Herzoge von Andria und hatten kaum Zeit, zu merken, daß sie (dem Titel nach) Könige von Jerusalem wurden. Ihre Wirklichkeit ist so

*Pavillon der Königin Johanna*

phantastisch, daß die Troubadours es aufgeben, zu erfinden; sie drängen sich an diesen Hof den sie schildern und, gereizt von ihren Liedern werden die Herren immer kühner und die Frauen bringen es zu jener beispiellosen Schönheit, die in Cécile des Baux, um 1240, so groß geworden war, daß man in den entferntesten Gegenden von ihr wußte und übereinkam, sie *Passe-Rose* zu nennen, – die, die Rosen übertrifft.

Aber damals war die erste Giovanna, Königin von Neapel, die bestrittene Erbin der Provence; das Geschlecht, bald für, bald wider sie, zog sich dahin. Es schleuderte sich so hoch und so weit, daß es nicht mehr zu sich zurückfiel. In Neapel zehrte der Hof an ihm und die Eifersucht der San Severini; es warf nur noch einzelne wilde Ranken aus, Stachelranken, an deren Ende Rebellen aufgingen, giftige Blüten ohne Fruchtlust, deren Geruch selbst den Kaiser schwindlich machte. Aber klammernd und unverwöhnt wie der Feigenbaum, kam es besser fort, wo es härter gefallen war: in Dalmatien und Sardinien bildete es stämmige Dynastien.

Auf Les Baux aber saßen nur noch Gouverneure, erst der Provence, dann Frankreichs, nachdem die Landschaft dem König zugefallen war. Man weiß alle ihre Namen und behält unwillkürlich die aus dem Hause Manville, unter denen der Protestantismus sich in Burg und Stadt festsetzte. Claude II de

Manville schützte die Reformierten noch, als es schon gefährlich war, sich ihrer anzunehmen: er erhält ihnen eine Kapelle in seinem Palast. Doch schon sein Nachfolger steht vor der Wahl, seine Religion oder seinen Posten zu verlassen. Er entschließt sich zu dem äußeren Verzicht und mit ihm vertreibt man (1621) alle Protestanten aus den Baux. Unter diesen Verjagten nun waren wahrscheinlich Salome's: Enkel oder Söhne des Notars André Salomé, der unter dem ersten manville'schen Gouverneur seine Denkwürdigkeiten geschrieben hat; Aufzeichnungen, die vielfach seither benutzt worden sind und die jetzt ein Notar zu Mouriès, M$^e$. Laville, (so versicherte man mir) aufbewahrt.

Nun verstehst Du, liebe Lou, beim Schluß, den Sinn meiner ganzen Erzählung, die so umständlich geworden ist. Ich war einen Tag in Les Baux. Die Ferne von dort oben, von der mir der Führer sprach, hab ich nicht gehabt: sie soll unendlich groß und schön verteilt sein und bis ans Meer reichen und bis zum Kirchturm von Saintes-Maries. Aber die Nähe war umso großartiger, jemehr der Tag eingraute und sich um sie schloß. Den Custoden war ich bald los, auch den Wirt, nachdem ich gefrühstückt hatte. Und von da ab ging ich nur noch mit einem Hirten um, der wenig sagte. Wir standen nur nebeneinander und schauten beide immerzu auf den Ort. Die Schafe weideten auseinander auf dem raren Boden.

*Blick auf Les Baux*

Zuweilen aber, wenn sie die festen Kräuter streiften, kam Duft vom *Thymian* auf und blieb eine Weile um uns. Und ich dachte an Dich!

*An Witold Hulewicz
10. November 1925*

Was die Princes des Baux angeht, ja: so darf man wohl sagen, daß eine versteinerte Zeit dieses Geschlecht übersteht. Seine Existenz ist gleichsam versteinert in der harten, silbergrauen Landschaft, in die das unerhörte Schloß hineinverwittert; diese Landschaft, nahe Arles, ist ein unvergeßliches Schauspiel der Natur, ein Hügel, Ruine und Ortschaft, verlassen, ganz wieder Fels geworden mit allen Häusern und Haustrümmern. Weit herum Weideplätze: daher ist hier der Hirte aufgerufen, hier, beim Theater von Orange, und auf der Akropolis, der mit seinen Herden, milde und zeitlos, wie ein Gewölk, über die noch erregten Stätten eines großen Verfalls zieht... Wie die meisten provenzalischen Geschlechter, waren auch die Fürsten des Baux abergläubische Herrn. Ihr Aufstieg war ungeheuer gewesen, ihr Glück maßlos, ihr Reichtum ohnegleichen. Die Töchter dieses Hauses gingen wie Göttinnen und Nymphen umher, die Männer waren stürmische Halbgötter. Von ihren Kriegsfahrten brachten sie nicht allein Schätze und Sklaven, sondern die unglaublichsten Kronen; vorübergehend nannten sie sich »Kaiser von Jerusalem« ... Aber in ihrem Wappen saß der Wurm des Widerspruchs: Denen, die an die Macht der Zahl Sieben glauben, erscheint »Sechzehn« als die gefährlichste Gegenzahl, und die des Baux trugen im Wappen den 16strahligen Stern. (Den Stern allerdings, der die Könige aus dem Morgenland und die Hirten zur Krippe nach Bethlehem führte: denn sie glaubten an ihre Herkunft von dem heiligen König Balthazar...). Das »Glück« dieses Geschlechts war ein Kampf der heiligen Zahl »7« (sie besaßen Städte, Dörfer und Klöster immer in einer Siebenzahl) gegen die »16« Strahlen ihres Wappenbilds. Und die Sieben unterlag. Der letzte, in Neapel, zu Sta. Chiara, im 17. Jahrhundert, beigesetzte Marchese del Balzo (: der Letzte, denn die heutigen del Balzo in Italien haben diesen Namen angenommen und sind nicht provenzalischer Abstammung), schien noch von diesem Kampf zu wissen: wenn ich nicht irre, trägt sein Grabmal eine diesbezügliche Inschrift. –

Ich glaube, von der heiligen Theresa (von Avila).

*Die Zehnte Elegie* \*

Aber dort, wo sie wohnen, im Tal, der Älteren
                            eine, der Klagen,
nimmt sich des Jünglinges an, wenn er fragt: –
                            Wir waren,
sagt sie, ein Großes Geschlecht, einmal, wir Klagen.
                            Die Väter
trieben den Bergbau dort in dem großen Gebirg; bei
                            Menschen
findest du manchmal ein Stück geschliffenes
                            Ur-Leid
oder, aus altem Vulkan, schlackig versteinerten
                            Zorn.
Ja, das stammte von dort. Einst waren wir reich. –

Und sie leitet ihn leicht durch die weite Land-
                            schaft der Klagen,
zeigt ihm die Säulen der Tempel oder die Trümmer
jener Burgen, von wo Klage-Fürsten das Land
einstens weise beherrscht. Zeigt ihm die hohen
Tränenbäume und Felder blühender Wehmut,
(Lebendige kennen sie nur als sanftes Blattwerk);
zeigt ihm die Tiere der Trauer, weidend, – und
                            manchmal

---

\*Aus der Zehnten Duineser Elegie

schreckt ein Vogel und zieht, flach ihnen fliegend
                         durchs Aufschaun,
weithin das schriftliche Bild seines vereinsamten
                         Schreis. –
Abends führt sie ihn hin zu den Gräbern der Alten
aus dem Klage-Geschlecht, den Sibyllen und Warn-
                         Herrn.
Naht aber Nacht, so wandeln sie leiser, und bald
mondets empor, das über Alles
wachende Grab-Mal. Brüderlich jenem am Nil,
der erhabene Sphinx –: der verschwiegenen Kammer
                         Antlitz.
Und sie staunen dem krönlichen Haupt, das für
                         immer,
schweigend, der Menschen Gesicht
auf die Waage der Sterne gelegt.


*Die Dritte Elegie* \*

Und er selbst, wie er lag, der Erleichterte, unter
schläfernden Lidern deiner leichten Gestaltung
Süße lösend in den gekosteten Vorschlaf –:
*schien* ein Gehüteter... Aber *innen*: wer wehrte,
hinderte innen in ihm die Fluten der Herkunft?
Ach, da *war* keine Vorsicht im Schlafenden;
                         schlafend,

\*Aus der Dritten Duineser Elegie

aber träumend, aber in Fiebern: wie er sich
                              ein-ließ.
Er, der Neue, Scheuende, wie er verstrickt war,
mit des innern Geschehns weiterschlagenden
                              Ranken
schon zu Mustern verschlungen, zu würgendem
                              Wachstum, zu tierhaft
jagenden Formen. Wie er sich hingab –. Liebte.
Liebte sein Inneres, seines Inneren Wildnis,
diesen Urwald in ihm, auf dessen stummem
                              Gestürztsein
lichtgrün sein Herz stand. Liebte. Verließ es, ging die
eigenen Wurzeln hinaus in gewaltigen Ursprung,
wo seine kleine Geburt schon überlebt war. Liebend
stieg er hinab in das ältere Blut, in die Schluchten,
wo das Furchtbare lag, noch satt von den Vätern.
                              Und jedes
Schreckliche kannte ihn, blinzelte, war wie
                              verständigt.
Ja, das Entsetzliche lächelte... Selten
hast du so zärtlich gelächelt, Mutter. Wie sollte
er es nicht lieben, da es ihm lächelte. *Vor* dir
hat ers geliebt, denn, da du ihn trugst schon,
war es im Wasser gelöst, das den Keimenden leicht
                              macht.

*»Aufgestemmter Berg« von Les Baux*

*An Alfred Schaer*
*26. Februar 1924*

[...] ich frage mich oft, ob nicht das an sich Unbetonte den wesentlichsten Einfluß auf meine Bildung und Hervorbringung ausgeübt hat: der Umgang mit einem Hund; die Stunden, die ich zubringen konnte, in Rom einem Seiler zuschauend, der in seinem Gewerb eine der ältesten Gebärden der Welt wiederholte, ... genau wie jener Töpfer, in einem kleinen Nil-Dorf, neben dessen Scheibe zu stehen, mir unbeschreiblich, in einem geheimsten Sinne ergiebig war. Oder daß es mir vergönnt gewesen ist, mit einem Hirten durch die Landschaft der ›Baux‹ zu gehen, oder in Toledo, mit ein paar spanischen Freunden und ihren Gefährtinnen, in einer verarmten kleinen Pfarrkirche eine uralte Novene singen zu hören, die einmal, im 17ten Jahrhundert, als man die Überlieferung dieses Gebrauchs unterdrückte, in derselben Kirche von Engeln gesungen war... Oder daß ein so inkommensurables Wesen wie Venedig mir vertraut ist, bis zu dem Grade, daß Fremde mich in der Vielwendigkeit der ›Calli‹ mit Erfolg nach jedem Ziel fragen konnten, das ihnen erwünscht war..., dies alles, nicht wahr?, war ›Einfluß‹ –, und der größeste bleibt vielleicht zu nennen: daß ich *allein* sein durfte in so viel Ländern, Städten und Landschaften, ungestört, mit der ganzen Vielfalt, mit allem Gehör und Gehorsam meines Wesens einem Neuen ausgesetzt, willig ihm zuzugehören und doch wieder genötigt, mich von ihm abzuheben...

*An Marie Taxis*
*12. März 1914*

Und was mögen Sie sonst noch in Ihre Straße einbeziehen? –, ich rate: TARASCON, bitte, und BEAUCAIRE (dort ein alter schöner Palast, heute *Mairie,*) [...]

*Avignon*

*Die Stadt blieb mir wunderbar vom ersten Moment bis zum letzten Rückblick aus dem pariser Schnellzug.*

An Rosa Schobloch, 17. November 1909

*Abbildung Seite 55: Papstpalast in Avignon*

*An Anton Kippenberg*
*Avignon (Provence) Hôtel de l'Europe,*
*am 14. Okt. abends. [1911]*

Mein lieber D^r Kippenberg, wir schreiben Sonnabend, es ist zwei Tage her, da stand das große geräumige Reise-Auto der Fürstin Taxis vor einem gewissen Torbogen in der rue de Varenne, und dann fuhr man einfach aus dem Ganzen hinaus, über den Pont de Charenton u.s.w. und nun hab ich zwei gelassene Tagreisen mit je 220 Kilometern hinter mir, eine Nacht in Avallon, eine in Lyon, mit diesem Abendwerden (und es wird zeitig Abend) kamen wir in Avignon ein, und hier bin ich wie zuhause. Aber ob ich nun oben abwechselnd »man« sage (wie ich merke) oder »wir« oder »ich«, zu lesen ist immer dieses Letzte, denn ich bin ganz allein mit meinem italienischen Chauffeur und der Verschwendung aller Umgebungen; die Fürstin mußte leider noch nach Wien, so überließ sie mir ihren Wagen, und wir treffen uns wahrscheinlich erst in Duino, wohin ich mich von hier weiter in langsamen Fortschritten durchziehe. Es ist seltsam, wie alles immer wieder anders kommt, als mans voraussieht, wer hätte gedacht, daß ich diese denkwürdige Fahrt, die in einiger Gesellschaft geplant war, allein machen würde, wenn das Wetter einigermaßen hält, so wird es unvergeßlich sein, jetzt gegen das Meer zu zu kommen und über die großen Gebirgsgrenzen. – Vor allem wollt ich sagen, daß ich gerade im Fortgehen von Paris die Anmeldung der Browning-Exemplare erhielt (die ich mir nachgehen ließ), heute, hier, die Bücherverzeichnisse für die Bücher von Schneider und Gressmann, danke, ich werde sie genau durchsehen. Mit dem Centauer, falls er noch nicht abgesendet ist, wartet man nun am Besten bis ich die nächste Adresse schreibe; die Duino sein wird, falls ich mich nicht noch zu einer kurzen Zwischenstation entschließe, in zwei, drei Tagen bekommen Sie den Bescheid.

Wie's mit mir weiter geht, Gott weiß es, ich habe einen ganzen Andrang nach Einsamkeit gegen alle Seiten des Herzens, wenn in Duino, wie ich fürchte, mehr Menschen zusammenkommen, wird meines Bleibens nicht sein, aber etwas weiter rechts oder links wird schon die Stelle sein, an die ich gemeint bin.

Leben Sie wohl, Beide, morgen ist Rast, ich freu mich, wenn es Tag wird, Avignon zu erkennen, heut abend träumt ichs nur, ich kam hinter dem Papst-Palast herum, und so sehr ich's gefaßt war, er stieg so wider die Sterne an, trieb sie, möchte man sagen, tiefer in die Himmel hinein, ich sah's nicht, es war wie Wesen im Traum, wo die Dinge unser Herz nehmen und davon leben über sich hinaus.

Gute Nacht. Ihr Rilke.

*Avignon von Villeneuve-lès-Avignon*

*An Mathilde Vollmoeller*
*15. September 1908*

Ich besitze zwei Photographien des unglaublichen Palastes; doch die sind gar nicht zu vergleichen mit der Inszenierung auf Ihrer Karte, in welcher er mit seiner ganzen angeborenen Übertriebenheit über die Stadt hinausgeht und über alles, was man im Augenblick auszudenken vermag.

Es war recht töricht von mir, einmal im Frühling dort durchreisen und dies nebenan liegen zu lassen, statt dem Schauspiel wenigstens eine Stunde beizuwohnen.

*An Marie Taxis*
*12. März 1914*

Meine liebe Fürstin, komm ich zu spät? Ich fürchte. Ach und dann ich müßte doch dort sein, um wirklich raten zu können, denn das machts ja nicht, daß man die Dinge nennt, sagt: dies und dies, – man muß sich zusammen hin versuchen und alles Unerwartete des Weges zum Erwartbaren hinzugeschenkt bekommen, damits ganz, damits heil, lebendig sei, nicht nur eine Voreingenommenheit und Pedanterie. Straßennamen vergaß ich auch, ja sogar die Kirche fällt mir nicht ein, an der man zunächst vom Hôtel l'Europe vorüberkommt: es bleibt vorzuschlagen: das *Palais des Papes*, darin, vor allem, das Gemach in der *Tour de la Garderobe* mit dem Fischweiher, der Jagd –; aber auch den schmalen Weg rechts vor dem Palais nicht übersehen, unter dem hochgespannten *Contrefort*, das sich hinüber stützt auf den Fels, durchgehen und langsam zurück... – Geht man diesen Weg ganz weiter, kommt man in leere Straßen, am Ende der einen die Kapelle der *Pénitents (gris? ou noirs)* – aber das läßt mich gleich ans fast Wichtigste denken, mir Wichtigste, die rue des Teinturiers, geteilt wie ein doppeltes Fahnentuch in Wasser und Weg, alte Platanen an der Steinbrüstung, vielleicht muß es Sommer sein, damit man den Zauber jener Straße recht empfände: das Grün der Platanen muß da sein, ihr durchscheinender Schatten –, und dann müssen die alten Wasserräder, eines hinter dem anderen, (ihr wunderbares Sich-rühren, fast tierhaftes Aufstehen) die Kühle des Baches gelassen heraufheben und verteilen in den halbschattigen Sommertag. Dort liegt, leicht zu finden, eine andere Penitenten-Kapelle, drei dunkle Innenräume, wie drei Beeren einer dunklen Traube zusammenhängend –.

Dann, dies: Blick auf Avignon. Über die Brücke gegen *Villeneuve-lès-Avignon* fahren, an der Barthelasse-Insel halten lassen, den kleinen ländlichen Fußweg rechts den Fluß entlang nehmen, bis zur Stelle, wo man das Brückenfragment in voller

*Rue des Teinturiers*

Verkürzung gegenüber hat, aufgebäumt gegen sich und dahinter *les rochers du Dôme*, die Stadt –

Und das andere müssen die Zufälle fügen, Antiquare werden sich finden; ja noch eins: die Fresquen im *Beffroi* des Rathauses, in dem ehemaligen *Violon* für die kleinen Diebe; wenns nicht zu viel wird, je nach dem Wetter, bis zur Plattform des Turmes steigen, zu dem lustigen Glockenschlägerpaar. –


*An Lou Andreas-Salomé*
*23. Oktober 1909*

Die letzten Wochen, bis vor etwa zehn Tagen, hab ich in der Provence gewohnt, in Avignon; das war eine meiner merkwürdigsten Reisen. Fast täglich, während 17 Tagen, hab ich den immensen Papstpalast gesehen, diese hermetisch verschlossene Burg, in der die Papstschaft, da sie sich am Rande anfaulen fühlte, sich zu konservieren gedachte, sich selber einkochend in einer letzten echten Leidenschaft. Sooft man dieses verzweifelte Haus auch wiedersieht, es steht auf einem Felsen von Unwahrscheinlichkeit, und man kommt nur hinein mit einem Sprung über alles Bisherige und Glaubhafte. Vom anderen Rhoneufer, von Villeneuve, gesehen, ließ mich die Stadt, Gott weiß warum, an Nowgorod, den Großen, denken, und da ahnte ich noch nicht, daß ich in dieser Landschaft, ein paar Stunden weiterhin, den wunderlichen Ort finden würde, der vielleicht Deine früheste Heimat war.

⟨*Tage in Avignon*⟩\*

Ich habe einmal ein paar Monate in Marseille gearbeitet. Es war eine besondere Zeit für mich, ich verdanke ihr viel. Der Zufall brachte mich mit einem jungen Maler zusammen, der bis zu seinem Tode mein Freund geblieben ist. Er litt an der Lunge und war eben damals von Tunis zurückgekommen. Wir waren viel beisammen, und da der Abschluß meiner Anstellung mit seiner Rückkehr nach Paris zusammenfiel, konnten wir es einrichten, einige Tage in Avignon uns aufzuhalten. Sie sind mir unvergeßlich geblieben. Zum Teil durch die Stadt selbst, ihre Gebäude und ihre Umgebungen, als auch weil mein Freund in diesen Tagen ununterbrochenen und irgendwie gesteigerten Umgangs sich mir über viele Umstände besonders seines *inneren* Lebens mit jener Beredsamkeit mitteilte, die, scheint es, solchen Kranken in gewissen Momenten eigentümlich ist. Alles was er sagte hatte eine seltsame wahrsagende Gewalt; durch alles, was in oft fast atemlosen Gesprächen dahinstürzte, sah man

\*Aus: *Der Brief des jungen Arbeiters*, 1922

*Der Papstpalast*

gewissermaßen den Grund, die Steine auf dem Grunde… ich will damit sagen, mehr als ein nur Unsriges, die Natur selber, ihr Ältestes und Härtestes, das wir doch an so vielen Stellen berühren und von dem wir wahrscheinlich in den getriebensten Momenten abhängen, indem sein Gefäll unsere Neigung bestimmt. Ein Liebeserlebnis, unvermutet und glücklich, kam dazu, sein Herz wurde ungewöhnlich hoch gehalten, tagelang, und so schoß denn auf der anderen Seite der spielende Strahl seines Lebens zu beträchtlicher Höhe auf. Mit jemandem, der sich in solcher Verfassung befindet, eine außerordentliche Stadt und eine mehr als gefällige Landschaft wahrzunehmen, ist eine seltene Vergünstigung; und so erscheinen mir denn auch, wenn ich zurückdenke, jene zarten und zugleich leidenschaftlichen Frühlingstage als die einzigen Ferien, die ich in meinem Leben gekannt habe. Die Zeit war so lächerlich kurz, einem anderen hätte sie nur für wenige Eindrücke hingereicht, – mir, der ich nicht gewohnt bin, freie Tage zu verbringen, erschien sie weit. Ja, es kommt mir fast unrecht vor, noch *Zeit* zu nennen, was eher ein neuer Zustand des Freiseins war, recht fühlbar ein *Raum*, ein Umgebensein von Offenem, kein Vergehn. Ich holte damals, wenn man so sagen kann, Kindheit nach und ein Stück frühes Jungsein, was, alles in mir auszuführen, nie Zeit gewesen war; ich schaute, ich lernte, ich begriff –, und aus diesen Tagen stammt auch die Erfahrung, daß mir »Gott« zu sagen, so leicht, so wahrhaftig, so – wie mein Freund sich würde ausgedrückt haben – so problemlos einfach sei. Wie sollte mir dieses Haus, das die Päpste sich dort aufgerichtet haben, nicht gewaltig vorkommen? Ich hatte den Eindruck, es könne überhaupt keinen Innenraum enthalten, sondern müsse aus lauter dichten Blöcken geschichtet sein, so als wäre den Verbannten nur darum zu tun gewesen, das Gewicht des Papsttums, sein Übergewicht, auf die Waage der Geschichte zu häufen. Und dieser kirchliche Palast türmt sich wahrhaftig über dem antiken Torso einer Heraklesfigur, die man in die felsigen Grundfesten eingemauert hat – »ist er nicht« – sagte Pierre, »wie aus diesem Samenkorn ungeheuerlich aufgewachsen?« – Daß *dieses* das Christentum sei, in einer seiner Verwandlungen, wäre mir viel verständlicher, als seine Kraft und seinen Geschmack in dem immer schwächeren Aufguß jener Tisane zu erkennen, von der man behauptet, daß sie aus seinen ersten zartesten Blättern bereitet sei.

Sind doch auch die Kathedralen nicht der Körper jenes Geistes, den man uns nun als den eigentlich christlichen einreden will. Ich könnte denken, daß unter einigen von ihnen das erschütterte Standbild einer griechischen Göttin ruhe; soviel Erblühung, soviel Dasein ist in ihnen emporgeschossen, wenn sie auch, wie in einer zu ihrer Zeit entstandenen Angst, von jenem verborgenen Leib fort in die Himmel strebten, die fortwährend offen zu halten der Ton ihrer großen Glocken bestimmt war.

*Rilke an Auguste Rodin*
*9. November 1912*

Da ich Avignon sosehr liebe, scheint es mir, als hätte ich Toledo vorausgefühlt, beinah gekannt, hat es doch seltsame Beziehungen zu der päpstlichen Residenz der Provence.

*An Hans von der Mühll*
*12. Oktober 1920*

Wie immer es geht, sooft ich den Rhône erreiche –: es freundet mich aus seinen Ufern wunderbar an, – als ob dieser Strom, mehr als ein anderer, die Kraft hätte, die Länder, die er erfrischt, sich anzueignen: Vaucluse, Avignon, die Île de Bartelasse und hier diese unheimliche Jonction: alles das ist verschwägert und verwandt durch den Geist dieses Flusses.

*Papstpalast*

*An Marie Taxis*
*25. Juli 1921*

Ich war die letzten Wochen oft sehr nahe dran, mich anzusagen, und es kommt in mein etwas schwerflüssiges Gemüt eine eigene Strömung, sooft ich es tun wollte; was mich aber auf der anderen Seite hält, ist dieses wunderbare Valais: ich war unvorsichtig genug, hier herunterzureisen, nach Sierre und Sion; ich habe Ihnen erzählt, einen wie eigentümlichen Zauber diese Orte auf mich ausübten, da ich sie voriges Jahr, um die Zeit der Weinlese, zuerst sah. Der Umstand, daß in der hiesigen landschaftlichen Erscheinung Spanien und die Provence so seltsam ineinander wirken, hat mich schon damals geradezu ergriffen: denn beide Landschaften haben in den letzten Jahren vor dem Krieg stärker und bestimmender zu mir gesprochen als alles übrige; und nun ihre Stimmen vereint zu finden in einem ausgebreiteten Bergtal der Schweiz! Und dieser Anklang, diese Familienähnlichkeit ist keine Imagination. Noch neulich las ich in einem Abriß über die Pflanzenwelt des Wallis, daß gewisse Blumen hier auftreten, die sonst nur in der Provence und in Spanien vorkommen; ein gleiches ists mit den Schmetterlingen: so trägt der Geist eines großen Stromes (und der Rhone ist mir immer einer der wunderbarsten gewesen!) die Begabungen und Verwandtschaften durch die Länder.

*Die Rhône mit Pont St. Bénézet*

*An Anton Kippenberg*
*9. Oktober 1909*

Avignon hat mir viel zu sehen gegeben.

*An Anton Kippenberg*
*23. Oktober 1911*

Da bin ich, mein lieber D^r Kippenberg, seit gestern abend, nachdem ich zu Auto bis Bologna gekommen war; es war eine merkwürdige ausführliche Fahrt, mit eigentümlichen Übernachtungen, vieles gab sich, vieles behielt sich vor, die Aufmerksamkeit wird unterwegs doch zu sehr zu einem Aufpassen, mir wars nicht ganz leicht, da und dort ankommend, mich aus dem Tempo auszuschalten und jedesmal erst wieder da zu sein. Die Maschine überwiegt, man gehört zur Maschine, abends liegt man gewissermaßen als Bestandteil im Bett und hat Träume und Vorstellungen einer Schraube.

Aber trotzdem wars nicht wenig. – Eindrücke in Bündeln, das ganze Gesicht noch eingerieben mit den Umgebungen so-und-so-vieler Landschaften. Hier unsere Nachtquartiere: Avallon (hinter Auxerre), Lyon, Avignon (mit einem Rasttag), Juan-les-Pins (bei Cannes), San Remo, Savona, Piacenza, Bologna.

*Orange*

*Ein immenses, ein übermenschliches Drama war im Gange.*

Aus: Die Aufzeichnungen des Malte Laurids Brigge

*Abbildung Seite 73: »Triumphtor« in Orange*

⟨*Theater zu Orange*⟩*

Das war im Theater zu Orange. Ohne recht aufzusehen, nur im Bewußtsein des rustiken Bruchs, der jetzt seine Fassade ausmacht, war ich durch die kleine Glastür des Wächters eingetreten. Ich befand mich zwischen liegenden Säulenkörpern und kleinen Altea-Bäumen, aber sie verdeckten mir nur einen Augenblick die offene Muschel des Zuschauerhangs, die dalag, geteilt von den Schatten des Nachmittags, wie eine riesige konkave Sonnenuhr. Ich ging rasch auf sie zu. Ich fühlte, zwischen den Sitzreihen aufsteigend, wie ich abnahm in dieser Umgebung. Oben, etwas höher, standen, schlecht verteilt, ein paar Fremde herum in müßiger Neugier; ihre Anzüge waren unangenehm deutlich, aber ihr Maßstab war nicht der Rede wert. Eine Weile faßten sie mich ins Auge und wunderten sich über meine Kleinheit. Das machte, daß ich mich umdrehte.

Oh, ich war völlig unvorbereitet. Es wurde gespielt. Ein immenses, ein übermenschliches Drama war im Gange, das Drama dieser gewaltigen Szenenwand, deren senkrechte Gliederung dreifach auftrat, dröhnend vor Größe, fast vernichtend und plötzlich maßvoll im Übermaß.

Ich ließ mich hin vor glücklicher Bestürzung.

*Aus: *Die Aufzeichnungen des Malte Laurids Brigge*

*Das antike Theater*

Dieses Ragende da mit der antlitzhaften Ordnung seiner Schatten, mit dem gesammelten Dunkel im Mund seiner Mitte, begrenzt, oben, von des Kranzgesimses gleichlockiger Haartracht: dies war die starke, alles verstellende antikische Maske, hinter der die Welt zum Gesicht zusammenschoß. Hier, in diesem großen, eingebogenen Sitzkreis herrschte ein wartendes, leeres, saugendes Dasein: alles Geschehen war drüben: Götter und Schicksal. Und von drüben kam (wenn man hoch aufsah) leicht, über den Wandgrat: der ewige Einzug der Himmel.

Diese Stunde, das begreife ich jetzt, schloß mich für immer aus von unseren Theatern. Was soll ich dort? Was soll ich vor einer Szene, in der diese Wand (die Ikonwand der russischen Kirchen) abgetragen wurde, weil man nicht mehr die Kraft hat, durch ihre Härte die Handlung durchzupressen, die gasförmige, die in vollen schweren Öltropfen austritt. Nun fallen die Stücke in Brocken durch das lochige Grobsieb der Bühnen und häufen sich an und werden weggeräumt, wenn es genug ist. Es ist dieselbe ungare Wirklichkeit, die auf den Straßen liegt und in den Häusern, nur daß mehr davon dort zusammenkommt, als sonst in einen Abend geht.

(Laßt uns doch aufrichtig sein, wir haben kein Theater, so wenig wir einen Gott haben: dazu gehört Gemeinsamkeit. Jeder hat seine besonderen Einfälle und Befürchtungen, und er läßt den andern so viel davon sehen, als ihm nützt und paßt. Wir verdünnen fortwährend unser Verstehen, damit es reichen soll, statt zu schreien nach der Wand einer gemeinsamen Not, hinter der das Unbegreifliche Zeit hat, sich zu sammeln und anzuspannen.)

*An Marie Taxis*
*12. März 1914*

Und was mögen Sie sonst noch in Ihre Straße einbeziehen? –, ich rate [...] Orange: das Theater; das Triumphtor vor der Stadt, besonders wenn eine Schafherde auf dem offenen Platz herum weidet – zuletzt fuhr ich mit Pierro dort durch.

*Carpentras
Mont Ventoux*

*[...] dann [...] Carpentras, bitte, wenn sichs tun läßt: das Alteleutehospiz dort, von einem der Bischöfe herrlich aufgebaut, mit lauter ganz klein gewordenen alten Leuten, um die herum das Haus immer größer wird –, eventuell auch die alte schöne Synagoge dort –; der Blick vom Balkon des Hospitals auf den Ventoux...*

An Marie Taxis, 12. März 1914

*Abbildung Seite 79: Alte Apotheke im Hôpital*

*An Ite Liebenthal*
*18. Januar 1922*

Noch diesen Morgen, da ich die ›Gedichte‹ wieder vornahm, fiel mir eine köstliche alte Apotheke ein, die ich vor Jahren einmal in der einstigen Bischofstadt Carpentras, um ihres künstlerischen Wertes willen, zum Kauf angeboten bekam. Ihre Verse, heute, brachtens mit sich, daß ich auf einmal im Dunkel des schönen, offenen, die Wände ausfüllenden Geschränkes, die geschlossenen Vasen vor mir sich hinreihen sehe: jede anders im blaublumigen, ausdrucksvollen Ornament, und doch wieder alle gleich; jede ein Gift, eine Glut oder eine Kühlung einschließend, mit dem vollen großen, ja geschwungenen Namen dieses Inhalts, ihn so offen ansagend – und doch wieder ihn völlig verhaltend, jede einzelne, in ihrer, die Verschließung so unübertrefflich aussprechenden Gestaltung.


*An Anton Kippenberg*
*28. Juni 1911*

Zu meinen späten Abendbeschäftigungen gehören die herrlichen Confessionen des hei⟨ligen⟩ Augustinus, ich lese sie jetzt lateinisch, mit dem unbeschreiblich erbärmlichen französischen Text nebenan, die lahmste und lächerlichste Paraphrase, die sich denken läßt. Wenn es sich mit dem Petrarcabrief auch so verhielte, so dürfte man ihn freilich nur nach dem Lateinischen bringen. Hat Dr. Buchwald die Originalausgabe entdeckt? Meine französische, die ich in Avignon fand, hat die Überschrift: *François Petrarque / à Denis Robert / de Borgo San Sepolcro / Salut. / Il raconte son ascension du Mont Ventoux.*

*Francesco Petrarca*
*Die Besteigung des Mont Ventoux*

Heute habe ich, einzig in dem Antrieb, die bedeutende Höhe des Ortes zu sehen, den höchsten Berg dieser Gegend, der nicht umsonst Ventosus (Ventoux) heißt, bestiegen. Seit vielen Jahren hatte ich diesen Weg im Sinne. Denn, du weißt ja, seit meiner Kindheit schon bin ich...

*Übersetzt von Rainer Maria Rilke*

*An Lily Schalk*
*14. Mai 1911*

Sie werden sich nicht vorstellen, daß in einem Leben so große Unterbrechungen aufreißen können, obwohl Sie wissen, wie sich uns fortwährend aus der einen Lösung Welt Können und Nichtkönnen gesondert niederschlägt, wie wir mit jedem Gefühl das eine und das andere durchmachten, uns daran gewöhnten, offen zu sein, im Augenblick, da das Draußen in Leere umschlug, und *zu* waren und gebunden, als eine Jahreszeit, ein Mensch, ein Gott an uns verschwenden wollte. – Das alles wissen Sie, mit einem Blick würden wir uns darüber verständigen, aber ich weiß nicht, ob ich Ihnen, selbst wenn Sie hier wären, aufklären könnte, warum mir das Leben zu solcher Schwere und Trübe angewachsen ist, daß ich nie von mir schreiben mochte. Ich scheute mich, denen gegenüber, die zuhören wollen, »ich« zu sagen, es gab kein Wort, das mehr Ungenauigkeit mit sich brachte, und Sie hätten gewiß zu große Vorstellungen damit verbunden, so daß ein Brief unter Abziehen, Zurücknehmen und Verneinen hingegangen wäre, ohne auch nur den Vorschlag irgendeiner eingeschränkten Auslegung zu bringen.

Heute, Sonntag, lese ich wieder Ihren Brief vom 17. November und seh in dem kleinen Mut, den ich fühle, Ihnen zu schreiben, nahezu ein Anzeichen, daß es mit mir besser werden will. Ich erinnere, daß ich an dem Tage, da Ihr Brief hier eintraf, die lange Reise antrat, von der ich erst um Ostern wiedergekommen bin: die Überlieferung davon wird Sie erreicht haben, ich war also wirklich in Algier, in Tunis, schließlich in Ägypten, aber es wäre mir recht geschehen, hätte ich überall vor den größesten Außendingen den heiligen Augustinus an der Stelle aufgeschlagen, die Petrarca trifft, da er oben auf dem Mont Ventoux, neugierig das gewohnte kleine Buch öffnend, nichts als den Vorwurf findet, über Bergen, Meeren und Entfernungen von sich selber abzusehen. So sehr war diese Reise, in die ich mich mitnehmen ließ, eine Ausrede, und so wie eine Ausrede, die man nachsichtig hat gelten lassen, liegt sie auch hinter mir, nicht eigentlich haltbar und tragfähig; das Viele und oft Ungeheure, das vor meinen Augen war, um mich, neben mir, Dasein an Dasein, hat sich mir vielfach eingedrückt, aber daß ich mir einiges daraus als Zuwachs zuwende, das wird erst später, viel später vielleicht zu leisten sein.

*Mont Ventoux von Nordwest*

## *Rilke und die Provence*

Sehen lernen, gelbe Felder, weite Platanenalleen, durchscheinende Schatten – weißen Thymian, oder eigenschaftslos: einen Ziehbrunnen, ein Farbenflimmern, Sonnenblumen, Licht, Zeichen. Das sehen lernen, was man nur geträumt hat.

Luft, Raum und Licht der Provence haben das Auge des Malers geschult, das Geatmete sichtbar zu machen, das Geschaute zu verinnerlichen. Wir denken hier vor allem an van Gogh, dessen Namen wir mit Arles, an Cézanne, dessen Namen wir mit Aix-en-Provence verbinden. Rilke erkannte, daß hier die Malerei eine ganz neue Richtung nahm: »Es ist die Wendung in der Malerei, die ich erkannte.«[1] Er sagt von van Gogh, daß er »auf einem ganz neuen Wege war«. Doch stand für Rilke die Person, das ungewöhnliche Schicksal van Goghs noch zu sehr im Vordergrund, während Cézannes Person völlig unsichtbar schien, »verloren im ständigen Wiederschein der südlichen Sonne von Aix«. Rilkes Reisen in die Provence waren für ihn Lehrjahre des Sehen-Lernens, des Umsetzens des Geschauten ins Sagbare.

Rainer Maria Rilke erzählt in einem Brief an Gertrud Ouckama Knoop, wie er als Kind an langen Sonntagnachmittagen und Winterabenden vor gebundenen Zeitschriften saß, in denen Reisen beschrieben waren, »von versprechlichen Bildern begleitet«[2]. Er sehnte sich nach der Zeit, wo erträumte Landschaften einmal erfahrbar sein würden. Sein Glaube, daß Ahnungen der Kindheit etwas Zukünftiges in sich tragen, bewahrheitete sich in seinen Reisen in die Provence, die er als »ein ganzes Bouquet von Erfahrungen und Erstaunungen« beschreibt.[3] Obgleich er nur verhältnismäßig kurze Zeit in der Provence verbrachte – im Jahre 1909 zwei Reisen, vom 22. bis 30. Mai und vom 22. September bis zum 8. Oktober 1909, und 1911 eine Durchreise durch die Provence auf einer Fahrt von Südfrankreich nach Duino vom 12. bis 21. Oktober –, hinterließ die Vielfalt ihrer Städte und Landschaften, der Kontrast zwischen ihrer Sanftheit und Herbheit einen unvergeßlichen Eindruck in ihm. Erinnerungen an die Provence durchziehen seinen Briefwechsel bis zum letzten Lebensjahr.

Das Jahr der ersten Provence-Reisen – 1909 – war für Rilke ein wichtiges Jahr, weil er an der Vollendung seines Romans *Die Aufzeichnungen des Malte Laurids Brigge* arbeitete und zugleich von der Entdeckung Cézannes erfüllt war. »... denn Cézanne«, schrieb Rilke an seine Frau Clara Westhoff, »ist nichts anderes als das erste primitive und dürre Gelingen dessen, was in M. L. noch nicht gelang. Der Tod Brigges: das war Cézannes Leben.«[4] Malte

Laurids Brigge kämpfte verzweifelt darum, das Subjektive seiner Betrachtungsweise, das »ungefähre Sehen« zu überwinden, die Dinge in ihrer Konkretheit zu erkennen. »Ich lerne sehen« ist ein Leitmotiv. Wie Malte will Rilke das ruhige Beobachten lernen, versuchen, wie Cézanne, das Seiende zu erfassen.

Im Jahre 1907 besuchte Rilke fast täglich im Salon d'Automne des Grand Palais die ein Jahr nach dem Tode Cézannes stattfindende Gedächtnisausstellung. Während er sonst, wie er 1907 an Clara Rilke schrieb, »auf Ausstellungen immer die Menschen, die herumgehen, so viel merkwürdiger finde als die Malereien«[5], erlebte er die Begegnung mit Cézannes Bildern wie eine »Feuersbrunst aus Klarsicht«[6]. »Plötzlich hat man die richtigen Augen«, schrieb er an Clara.[7] Cézanne öffnete ihm die Augen für die gegenseitige Abhängigkeit der Farben, wodurch das Bild »die Wirklichkeit im Gleichgewicht hält«[8]. Rilke fühlte, daß Cézannes Farben »einem die Unentschlossenheit abnähmen«. Er spricht vom »guten Gewissen dieser Rots, dieser Blaus, ihrer einfachen Wahrhaftigkeit« bei Cézanne.[9]

Inspiriert von den Erlebnissen der Cézanne-Ausstellung und vom Wunsch, der verwirrenden Bedrängnis der Großstadt zu entfliehen, unternahm Rilke seine erste Reise in die Provence. Das Wetter war frühlingshaft, Rilke in erwartungsvoller Stimmung. Er schrieb an Clara, daß er sich freue, gereist zu sein, doch war er sich nicht sicher, ob es nicht vielleicht zu früh für ihn wäre. Er fragte sich, ob er fähig sei, so zu sehen, wie er es erhoffte. »Wenn man nun erst richtig schaute und reiste, was müßte dabei herauskommen.«[10] Diese Selbstkritik weist auf eine spätere Entwicklung hin, eine gewisse Änderung im Stil der Schilderung auf der zweiten Provence-Reise. Von der ersten Reise berichtet Rilke in einem leichten, erzählenden Ton, während die Beschreibung der Reise im Frühherbst oft einen mehr deutenden, zuweilen mythisierenden Charakter hat.

*Erste Reise*

Auf den Spuren Cézannes reiste Rilke in den Süden der Provence. Bevor er nach Aix-en-Provence, der Heimatstadt Cézannes, kam, führte ihn sein Weg zu einer »wunderlichen«[11] Wallfahrt nach Les-Saintes-Maries-de-la-Mer. Die an diesen Ort gebundene Legende fesselte ihn: Es heißt, daß ein steuerloses Schiff von Palästina aus ins Meer gestoßen wurde. Auf diesem Schiff befand sich eine Reihe von Heiligen, darunter Maria Kleophas und Maria Salomé. Die Zigeunerin Sarah, die treue Dienerin der Maria Salomé, lief über das Wasser, um das Schiff zu erreichen. In Les-Saintes-Maries-de-la-Mer soll das

*Kirche in Les-Saintes-Maries-de-la-Mer*

Schiff gestrandet sein, und in der kleinen romanischen Wehrkirche werden heute noch die Marien und die Dienerin Sarah verehrt. So wurde Les-Saintes-Maries-de-la-Mer ein alljährlicher Wallfahrtsort mit besonderer Anziehungskraft für Zigeuner. König René, dem Guten, von dem Rilke mit Vorliebe sprach, soll im Traum ein Engel den Ort kundgetan haben, wo die Gebeine der heiligen Frauen aufbewahrt waren, worauf er sie nach Les-Saintes-Maries-de-la-Mer überführen ließ. In feierlicher Prozession, an der Einheimische und Zigeuner teilnehmen, wird die kleine Sarah-Statue aus der mit unzähligen Kerzen erleuchteten Kapelle geholt und in Erinnerung an die Ankunft ins Meer getragen. Nach der Rückkehr in die Kirche wird sie neu eingekleidet und geschmückt.

In seinen Briefen an Lou Andreas-Salomé und Sidonie Nádherný gibt Rilke ein bewegendes Bild dieser zigeunerhaften, christlichen und zugleich heidnisch-abergläubischen Wallfahrtsnacht. Einerseits musizierende Zigeunergruppen aus aller Welt, Spanier, die ihre feurigen Flamencos tanzen, andererseits blasse, kränkliche Kinder, für die, an Lourdes erinnernd, Heilung durch die Berührung mit den heiligen Reliquien erhofft wird.

Rilke fragt im Hinblick auf seine Schilderung im Brief an Sidonie Nádherný: »Hab ich gut erzählt?«[12] Wie aus seinem Brief hervorgeht, wollte er den Eindruck erwecken, daß er nicht schreibt, sondern vor ihr steht und mit ihr spricht. Es fällt auf, daß er hier das gesprochene Wort dem geschriebenen vorziehen würde, das heißt, daß es ihm um die Spontaneität der Mitteilung geht. Zugleich aber ist er sich eines gewissen Ungenügens bewußt. In einem Brief an Karl von der Heydt heißt es: »»nur war ich nicht tüchtig genug, alles so aufmerksam zu schauen, wie ichs hätte mögen und müssen«.[13] Auch in der Malerei unterscheidet Rilke zwischen Bildern, von denen man erzählen kann, und den Bildern Cézannes, wo dies nicht mehr möglich ist. So wie Cézanne Dinge malt, möchte er Dinge machen, lernen aus Worten. Er besucht in Aix-en-Provence das Atelier Cézannes im Obstgarten eines kleinen Hauses, das völlig versteckt in einem überwucherten Garten liegt. Durch ein Südfenster flutet das Licht herein und wirft seine Schatten auf verschiedene Krüge, Körbe, Kochäpfel – alles Dinge, die Cézanne immer wieder gemalt hat. »Die Früchte«, sagte Cézanne in einem Gespräch mit Joachim Gasquet, »sie lassen sich gerne malen... Ihre Idee strömt mit ihrem Duft aus. Sie kommen zu Ihnen in allen ihren Gerüchen, erzählen Ihnen von den Feldern, die sie verlassen haben, von dem Regen, der sie genährt, von der Morgenröte, die sie erschaut...«[14]

Rilke stellt sich vor, wie »der Alte« – so bezieht er sich meist auf Cézanne in den letzten dreißig Jahren

*Paul Cézanne, Draperie, Krug und Obstschale*

seines Lebens – täglich zu diesem Atelier trottete und geduldig, wie ein Hund, vor seinem Objekt saß. Fast nur auf Cézanne bezogene Dinge erwähnt Rilke im Zusammenhang mit Aix, so das von einer Mauer umschlossene Landgut der Eltern, das Stadthaus und, vor allem, die immer wieder von Cézanne gemalte Montagne (de) Sainte-Victoire. Sie liegt östlich von Aix, überragt die Stadt und ist von allen Seiten, in verschiedenem Licht, zu sehen. Ihr Name stammt von dem Sieg der Römer über die Teutonen. Cézanne hat die Montagne (de) Sainte-Victoire immer wieder neu gemalt in seinem Verlangen, das innerste Wesen dieses Bergmotivs zu erfassen. »Schauen Sie diese St. Victoire. Welcher Schwung, welcher gebieterische Durst nach Sonne und welche Melancholie am Abend, wenn die ganze Schwere sich darauf senkt.«[15] Rilke bewundert, wie Cézanne »Seiendes auf seinen Farbinhalt zusammenzog«, und fragt sich, ob der Dichter mit Worten erzielen könnte, was dem Maler mit Farben gelingt. Im Hinblick auf ein Bild eines Tisches mit Fischen schreibt Rilke in einem früheren Brief an Paula Modersohn-Becker: »Aber das will gemacht sein, nicht erzählt und, wenn ich einmal dazu ausreiche, es zu machen, so sollen Sie's lesen.«[16] Rilke versteht dabei unter »machen« nicht nur eine genaue Wiedergabe des Objekts, sondern eine Durchdringung von Innerm und Äußerm. Im Requiem für Paula Modersohn-

Becker heißt es: »... es [das Ding] ist nicht hier, wir spiegeln es herein/aus unserm Sein, sobald wir es erkennen.«[17]

Arles, die dritte Stadt, die Rilke auf seiner ersten Reise in die Provence besuchte, bietet ein treffendes Beispiel für seine Verinnerlichung des Geschauten. Während er Museen, Kirchen und das Amphitheater von Arles gar nicht erwähnt, waren ihm die Sarkophage auf den Les Alyscamps, dem antiken Friedhof von Arles, so bedeutend, daß die Alyscamps nicht nur im *Malte Laurids Brigge* erwähnt werden, sondern Rilke ihnen, dreizehn Jahre später, eines seiner Orpheus-Sonette widmete.[18]

Les Alyscamps, »Elysische Felder«, ist der Name für die von den Römern angelegten Gräberalleen. In frühchristlicher Zeit wurden die ersten als heilig verehrten Bischöfe von Arles dort bestattet. Da die Nähe zu den Heiligen als eine verläßliche Gewähr für eine gute Fürsprache bei Gott galt, wurden Leichname über die Rhône nach Arles gebracht und die Alyscamps zu einer beliebten Begräbnisstätte. Rilke beeindruckte besonders, daß die Gräber offen waren. In der Legende vom verlorenen Sohn, die den Abschluß des Malte-Romans bildet, sieht er Malte im »seelengewohnten Schatten der Alyscamps, wie sein Blick zwischen den Gräbern, die offen sind wie die Gräber Auferstandener, eine Libelle verfolgt«.[19] Wir sehen, wie hier das Geschaute verwandelt und verinnerlicht wird. Das Offene der Gräber deutet auf die Auferstehung, das Summen der Bienen und die zwischen den Sarkophagen entschwindende Libelle auf die Natur, die die Trennung von Leben und Tod nicht kennt. Das in der Provence Geschaute mußte in der Erinnerung Rilkes lange reifen, bis es in Muzot, in den *Sonetten an Orpheus*, Ausdruck finden konnte. Er vergleicht die aufgedeckten Sarkophage den »wiedergeöffneten Munden«, die nach langem Schweigen zögernd das Geheimnis vom Zusammenhang alles Seienden verkünden:

> Euch, die ihr nie mein Gefühl verließt,
> grüß ich, antikische Sarkophage,
> die das fröhliche Wasser römischer Tage
> als ein wandelndes Lied durchfließt.
>
> *Die Sonette an Orpheus, Erster Teil, X*

## Zweite Reise

Die zweite, vier Monate später unternommene Reise beschreibt Rilke im Brief an Lou Andreas-Salomé als »eine meiner merkwürdigsten Reisen«[20]. Er neigt hier in seinen Schilderungen dazu, das Gesehene zu deuten, die Wahrnehmung des Auges vom Licht des Herzens erhellen zu lassen. Man könnte die Reise mit einem Stern vergleichen, der als Zentrum Avignon hat und Strahlen in verschiedene Richtungen aussendet.

Rilke war für die ganze Zeit seiner Reise in Avignon im Hôtel de l'Europe abgestiegen und machte von dort aus Ausflüge in die verschiedenen Städte und Ortschaften der Provence. Was ihn siebzehn Tage lang in Avignon festhielt, war der täglich betrachtete »immense Papstpalast«. Schon seit einiger Zeit besaß Rilke Postkarten von dem Palais, die seine Neugier geweckt hatten. Er beschäftigte sich in seinem Malte-Roman mit der »Notzeit« der Avignonschen Päpste. Überwältigend war es für ihn, als er ihre mächtige Wohnstätte »auf einem Felsen von Unwahrscheinlichkeit« vor sich sehen konnte. Hier gewann bisher nur Erahntes konkrete Gestalt. Den Widerspruch zwischen äußerer Macht und innerem Verfall beschrieb er als eine »hermetisch verschlossene Burg, in der die Papstschaft, da sie sich am Rande anfaulen fühlte, sich zu konservieren gedachte«[21].

Ein anderer Ort, der Rilkes Staunen, und übermäßiges Erstaunen, erweckte, war Les Baux. Hier erlebte er die für die Provence so bezeichnende Verbindung von kultureller Kontinuität und lebendiger Präsenz. In Les Baux sollen die Vorfahren von Lou Andreas-Salomé gelebt haben. Es war die »erste Heimat« seiner geliebten Freundin. Les Baux war schwer zu erklimmen und fesselte Rilke seiner un-

*Fenster der ehemaligen protestantischen
Kirche in Les Baux*

geheuren Landschaftskontraste wie auch seiner geschichtlichen Bedeutung wegen. Er stieg von den blumenreichen, farbigen Wiesen und Feldern von St.-Rémy-de-Provence über zerklüftete, steile Wege zu dem Kalkfelsen der Baux. Der Gegensatz der vom Bauxit (der Les Baux den Namen gab) rötlich gefärbten Erde, dem Grün der Büsche, dem leuchtenden Weiß des Kalkgesteins, dem Grau der Häusertrümmer und dem manchmal sich öffnenden Blick auf das Blau des Meeres gaben Les Baux einen verzauberten und geisterhaften Charakter. Rilke sah in »drei schräg hintereinander aufgestemmten Bergen« drei Sprungbretter, »von denen drei letzte Engel mit entsetztem Anlauf abgesprungen sind«. Während er sich durch Berg- und Turmstücke durchkämpfte, meinte er, »selber auffliegen zu müssen«, »um in die offene Leere dort oben eine Seele zu tragen«.[22] Es schien Rilke, als ob das Geschlecht der Herren der Baux in dieser Landschaft versteinert sei.

In Rilkes Beschreibungen der Prinzen von Les Baux durchdringen sich Forschung, Legende und Mythos. Das Geschlecht der Baux soll im 14. und 15. Jahrhundert geherrscht haben. Rilke berichtet als überliefert, daß das Haus vom Urenkel des Königs Balthasar (einem der Heiligen Drei Könige) aus dem Morgenland begründet worden war und im 17. Jahrhundert mit einem Sonderling aus Neapel

»wie ein Kerzenrest«[23] erlosch. Das Grabmal des letzten, in Neapel, zu Sta. Chiara, beigesetzten Marchese del Balzo trägt eine Inschrift, die Zeugnis gibt von seinem Wissen über das »›Glück‹ dieses Geschlechts« als »ein Kampf der heiligen Zahl ›7‹ ... gegen die ›16‹ Strahlen ihres Wappenbilds. Und die Sieben unterlag.«[24]

In Rilkes begeisterter Schilderung »des fürstlichen Geschlechts von gewaltiger Kühnheit«, der »Schönheit seiner Frauen«, der »Töchter dieses Hauses«, die »wie Göttinnen und Nymphen« umhergingen[25], kann man nicht übersehen, wie geschichtlich Überliefertes hier zur Fiktion wird. Es liegt eine gewisse Ironie darin, wenn Rilke schreibt, daß die Wirklichkeit der »Princes des Baux« so phantastisch war, daß die Troubadoure es aufgeben mußten zu erfinden.[26] Während es die wirkliche Aufgabe der Troubadoure war, an fürstlichen Höfen ihre unwirkliche Liebe zu den hohen Frauen zu besingen, nahm Rilke ihre Fiktion für Wirklichkeit, wobei seine eigene Schilderung der Wirklichkeit zur Fiktion wurde. Rilke zeigte stets besonderes Interesse für Ahnen und Familiengeschichte, weil seine eigene Zeit »ohne Bild« ihn erschreckte. Vielleicht finden wir noch im »großen Geschlecht« der Klagen in der Zehnten Duineser Elegie ein Echo seiner Verehrung des »in der harten, silbergrauen Landschaft« versteinerten Geschlechts der »Princes des Baux«.[27]

Les Baux ist von weiten Hirtenplätzen mit weidenden Schafen und duftendem Thymian umgeben. Rilke schildert, wie der Hirte mit seinen Herden »milde und zeitlos, wie ein Gewölk, über die noch erregten Stätten eines großen Verfalls zieht«.[28] Dieses provenzalische Bild erinnert an die Bedeutung des Hirten in Rilkes Parabel vom verlorenen Sohn im *Malte Laurids Brigge*. Der verlorene Sohn, der vor der ihn quälenden, besitzergreifenden Liebe fliehen wollte, gesellt sich zu dem Hirten, dessen schweigende Anonymität für ihn die reinste Form des Daseins bedeutet. »Ich seh mehr als ihn [den Hirten]«, schreibt Rilke, »ich sehe sein Dasein.«[29] Wie später für Heidegger der Mensch zum »Hirten des Seins«[30] werden sollte, war für Rilke der Hirt der Hüter des Seins. Immer wieder taucht sein Bild in Rilkes Dichtung auf. Schon im *Stunden-Buch* stellt sich Rilke eine Zukunftsvision friedlicher Landschaft als »ein Volk von Hirten und von Ackerbauern« vor.[31] In den *Neuen Gedichten* spiegelt sich im Hirtendasein die Einsamkeit und Reinheit der Kindheit. »[Wir] wurden so vereinsamt wie ein Hirt/und so mit großen Fernen überladen.«[32] In der *Spanischen Trilogie* wird das Stehen und Wandeln des Hirten besungen, als »dürfte ein Gott heimlich in diese Gestalt [...]«.[33] Malte, Rilkes Romanfigur, sieht seinen erzählten »verlorenen Sohn« als Hirten, als den Freund und Gefährten seiner Nächte,

*Der Hirte*

seiner Genesungszeit; »vielleicht war er lange einer der Hirten in den Baux ... Oder soll ich ihn denken zu Orange an das ländliche Triumphtor geruht?«[34] Durch dieses gewaltige Tor führte Rilkes Weg zum antiken Theater von Orange. Die Bedeutung, die dieses Theater für Rilke hatte, ist kaum zu ermessen. Schon etwa zehn Jahre vor seinen Reisen in die Provence beschäftigte er sich mit Nietzsches *Geburt der Tragödie*, was ihm den ungeheuren Gegensatz zwischen der Größe antiken Theaters und dem Ungenügen des modernen Theaters zu Bewußtsein brachte. Als Rilkes Malte (sicher auf ein Erlebnis Rilkes zurückgehend) das Theater von Orange erblickte, heißt es: »Ich ließ mich hin vor glücklicher Bestürzung!« Hier wurde sichtbar, wie die antike Tragödie entstand und daß sie die Verbindung zwischen Menschen, Göttern und Schicksal ermöglichte. Er stellte sich vor, wie im Kreisrund des Zuschauerhangs, den er mit einer offenen Muschel verglich, eine wartende Spannung herrschte. Er sah vor der gewaltigen Szenenwand ein menschliches Drama im Gange, das »hinter der antikischen Maske die Welt zum Gesicht zusammenschloß«.[35]

Während die attische Tragödie die Wahrheit menschlichen Leidens spiegelte, konnte das moderne Theater nur »die ungare Wirklichkeit« des Alltags und die Vereinzelung des Individuums zeigen. »Wir haben kein Theater«, lautet Maltes Klageruf, »so wenig wir einen Gott haben: dazu gehört Gemeinsamkeit.«[36] Wir würden Rilke aber mißverstehen, wenn wir zwischen seiner Verherrlichung der Einsamkeit des Hirten und seiner Klage über fehlende Gemeinsamkeit in unserem Theater einen Widerspruch sähen. Es geht ihm um eine Einsamkeit, die, sich von den Konventionen der Gesellschaft lösend, den Zusammenhang mit dem Ganzen menschlichen Seins ermöglichte.

Haben wir bisher Landschaften und Bauten der Provence betrachtet, in denen für Rilke sichtbar wurde, was ihn lange beschäftigte, so wollen wir jetzt die mehr zufälligen Entdeckungen auf seiner Reise beschreiben. Als die Fürstin Marie von Thurn und Taxis eine kleine Tour nach Avignon unternehmen wollte, schrieb Rilke ihr einen langen Brief[37], in dem er ihr rät, was sie sehen müsse. Dieser Brief spiegelt wider, was er selbst gesehen hat, und empfiehlt eine Reiseroute. Es geht ihm nicht um Straßennamen, er will keine Pedanterie, »damits ganz, damits heil, lebendig sei«.[38] Doch gibt es eine Ausnahme, das »mir Wichtigste«, wie Rilke schreibt, »die Rue des Teinturiers«. Diese ganz ungewöhnliche Straße, die in »Wasser und Weg« zweigeteilt ist, erscheint Rilke wie ein »doppeltes Fahnentuch«. Auf der Wasserseite kann man noch die alten Wasserräder sehen, die »die Kühle des Baches gelassen heraufheben« und deren schwere Bewegung

*Avignon, Rue Peyrollerie. Der Blick zurück*

Rilke an ein »fast tierhaftes Aufstehen« erinnert.[39] Auf der Wegseite ist eine Platanenallee gepflanzt, deren »durchscheinender Schatten« an einem Sommertag, wie Rilke es sich ausmalt, dieser Straße einen besonderen Zauber verleihen muß.[40] Ein weiterer Weg führt über die flußabwärts errichtete Hängebrücke (Pont suspendu) auf die andere Seite der Rhône zu Villeneuve-lès-Avignon. Der Blick von dort auf Avignon erinnert Rilke merkwürdigerweise an »Nowgorod, den Großen« (Velikij Nowgorod, der alte Name von Nowgorod).[41] Links von Villeneuve steht der Turm Philipps des Schönen, rechts das auf einer Anhöhe liegende Fort St.-André.

Die Brücke St. Bénézet, die durch das Kinderlied »sur le pont d'Avignon« berühmt geworden ist, ist das Wahrzeichen von Avignon. Der Legende nach war der Erbauer der Brücke ein Hirte namens Benedikt, der auf einer einsam gelegenen Weide von Gott den Auftrag erhielt, eine Brücke über den Strom zu bauen. Diese Brücke ist mehrfach zerstört worden; von den ursprünglich 22 Bogen sind nach der Teilzerstörung von 1669 nur noch vier Brückenbögen erhalten. Ein kurzes Stück flußaufwärts gabelt sich die Rhône, und die Wasser ihrer beiden Arme umspülen die Barthelasse-Insel. Hier empfiehlt Rilke in seinem Brief an die Fürstin einen kurzen Aufenthalt. Ferner erinnert er sie, in Avignon das Rathaus mit seinen Fresken im Beffroi nicht zu vergessen

*Pont St. Bénézet*

und, wenn möglich, zur Plattform des Turmes zu steigen, um das »lustige Glockenschlägerpaar« zu sehen. Weiterhin soll sie Tarascon und Beaucaire in ihre Reise einbeziehen. Diese beiden Städte liegen weiter südlich, nahe den westlichen Ausläufern der Alpilles, auf einander gegenüberliegenden Ufern der Rhône. Der burgartige Charakter der Städte mag Rilke besonders angezogen haben. Vielleicht fesselte ihn auch die an die nah bei Tarascon liegende Kirche St. Martha gebundene Legende. Martha, die mit den heiligen Marien in der Provence gelandet war, war nach Tarascon gezogen, um dort ein wüstes Ungeheuer, die »Tarasque« zu bezwingen. Das Ungeheuer wurde dann als Symbol für die Rhône interpretiert, deren Hochwasser eine Bedrohung für die Bevölkerung darstellten.

Die Rhône ist der in Rilkes Briefen am häufigsten erwähnte Fluß, »blutsverwandt« verbindet er seine geliebtesten Landschaften Europas – die Provence und das Wallis –, »es freundet mich aus seinen Ufern wunderbar an, als ob dieser Strom, mehr als ein anderer, die Kraft hätte, die Länder, die er erfrischt, sich anzueignen«.[42] Die Lieblichkeit der Rhône und ihre zerstörende Macht ist einer der Gegensätze, die Rilke stets fesselten.

Am bewegendsten von den empfohlenen Orten der Reiseroute ist Rilkes Schilderung von Carpentras mit seinem Blick auf den Mont Ventoux. Rilke erwähnt das »Alteleutehospiz« (Hôtel Dieu, heute ein großes Krankenhaus), »mit lauter ganz klein gewordenen alten Leuten, um die herum das Haus immer größer wird«.[43] Uns kommt ein ähnliches Bild ins Gedächtnis: Rilkes Malte sagt beim Besteigen der Stufen des immensen antiken Theaters von Orange: »Ich fühlte, zwischen den Sitzreihen aufsteigend, wie ich abnahm in dieser Umgebung.«[44] Beeindruckt war Rilke auch von der alten schönen Synagoge (in Carpentras)[45] und einer alten Apotheke mit Fayencen aus Montpellier, die ihn so sehr beeindruckte, daß er sogar daran dachte, sie zu kaufen.[46]

Ein unvergeßlicher Höhepunkt der Erlebnisse in Carpentras war für Rilke der Mont Ventoux, den er zuerst vom Balkon des Hospitals erblickte. Mont Ventoux (der Windige), vom lateinischen ventosus abgeleitet, ist der eindrucksvollste Berg der Provence (und mit seinen 1909 Metern auch der höchste). Der Reichtum landschaftlicher Gegensätze ist einzigartig. Am Fuß des Berges Olivenbäume, Duft von Thymian, dann geht der Blick aufwärts durch das helle Grün der Wiesen und das dunkle Grün der Wälder, bis man schließlich, jenseits der Baumgrenze, in eine graue Steinwüste kommt und weiter zu den kalkigen Höhen des Bergmassivs, dessen Weiß wie Schnee leuchtet. Rilke konnte, sich Malaucène nähernd, den Mont Ventoux in immer wieder neuem Licht sehen. Er hat es wohl nicht gewagt, den schwierigen, steinigen Aufstieg des Berges selbst zu unternehmen. Aber wie sehr ihn diese Möglichkeit beschäftigte, können wir aus dem intensiven Interesse sehen, das er für Petrarcas Besteigung des Berges zeigte. Francesco Petrarca beschreibt als erster in einem Brief an Francesco Dionigi di Borgo San Sepolcro das Erklimmen des Berggipfels. Seine Schilderung ist so bewegend, daß wir hier einiges aus diesem Brief zitieren wollen:

»Den höchsten Berg dieser Gegend, den man nicht unverdientermaßen Ventosus, den Windigen, nennt, habe ich am heutigen Tage bestiegen. Dabei trieb mich einzig die Begierde, die ungewöhnliche Höhe dieses Flecks Erde durch Augenschein kennenzulernen. Viele Jahre lang hatte dieses Unternehmen mir im Sinne gelegen; habe ich doch in der hiesigen Gegend, wie du weißt, seit meiner Kindheit geweilt, wie eben das Schicksal die menschlichen Dinge fügt. Dieser Berg aber, der von allen Seiten weithin sichtbar ist, steht mir fast immer vor Augen.

Nun aber faßte ich den Entschluß, endlich einmal auszuführen, was ich täglich hatte ausführen wollen [...]

Am festgesetzten Tage gingen wir [Petrarca mit seinem Bruder] fort von Haus und kamen gegen Abend nach Malaucène – das ist ein Ort am Fuße des Berges, nach Norden gewandt. Wir verweilten dort einen Tag und bestiegen heute endlich, jeder mit einem Bedienten, den Berg, nicht ohne viel Beschwerde. Er ist nämlich eine jäh abstürzende, fast unersteigliche Felsmasse. Indessen gut hat der Dichter gesagt: *Verwegnes Mühen alles zwingt* [...]

Ein Gipfel ist da, der höchste von allen, den nennen die Waldleute ›das Söhnlein‹ – warum, weiß ich nicht. Ich vermute aber, daß es wie manches andere nach dem Prinzip des Gegensatzes gesagt wird; denn in Wahrheit scheint er aller benachbarten Berge Vater zu sein. Auf seinem Scheitel ist eine kleine Hochfläche. Dort ließen wir uns ermüdet endlich zur Ruhe nieder.

Hingegen sah ich sehr klar zur Rechten die Gebirge der Provinz von Lyon, zur Linken sogar den Golf von Marseille, und den, der gegen Aigues-Mortes brandet, wo doch all dies einige Tagereisen entfernt ist. Die Rhône lag mir geradezu vor Augen. Dieweil ich dieses eins ums andere bestaunte und jetzt Irdisches genoß, dann nach dem Beispiel des Leibes auch die Seele zum Höheren erhob, schien mir gut, in das Buch der Bekenntnisse des Augustinus hineinzusehen [...]

Das faustfüllende Bändchen allerwinzigsten Formats, aber unbegrenzter Süße voll, öffne ich, um zu lesen, was mir entgegentreten würde [...] Zufällig aber bot sich mir das zehnte Buch dieses Werkes dar [...]: ›Und es gehen die Menschen, zu bestaunen die Gipfel der Berge und die ungeheuren Fluten des Meeres und die weit dahinfließenden Ströme und den Saum des Ozeans und die Kreisbahnen der Gestirne, und haben nicht acht ihrer selbst.‹

Ich war wie betäubt [...], und ich konnte nicht glauben, daß dies sich zufällig so gefügt hätte [...]

Unter solchen Bewegungen der aufgewühlten Brust gelangte ich in tiefer Nacht, ohne vom steinigen Weg etwas zu fühlen, zurück zu der bäuerlichen Herberge [...]«[47]

Wie wichtig für Rilke dieser Brief Petrarcas war, sehen wir nicht nur daraus, daß er sich in Avignon eine französische Ausgabe des Petrarca-Briefes kaufte, sondern, daß er in seiner Korrespondenz mit Verlegern und Freunden immer wieder auf Petrarca zu sprechen kommt und sogar selbst zwei von Petrarcas Sonetten übersetzt hat: »In ihres Alters blühendsten Beginn...« und »Erhabene Flamme, mehr als schöne schön...«[48] Der Name Petrarcas ist für Rilke eng mit Augustinus verbunden. In Paris las er 1911 in später Abendstunde »die herrlichen Confessionen des heil. Augustinus«.[49] Es ist ein wunderliches Zusammentreffen, daß eine Stelle in den Konfessionen, die Petrarca bei seiner Besteigung des Mont Ventoux las und als Offenbarung erlebte, wiederum Rilke beim Lesen des Petrarca-Briefes als Offenbarung erschien. Auf dem Gipfel des Berges angelangt, fleht Petrarca darum, daß die Seele solchen Aufstieg erleben möchte, wie der Körper ihn geleistet hat, daß die äußere Wanderung verinnerlicht werden möge. Bei diesen Gedanken greift er zu den Konfessionen von Augustinus und stößt auf die Stelle, wo es von den Menschen heißt: »Sie gehen zu beschauen die Gipfel der Berge, die Fluten des Meeres, die Kreisbahn der Gestirne und haben nicht acht ihrer selbst.«

Auf eben diese Stelle bezieht sich Rilke, wenn er an Lily Schalk schreibt, daß, als er in Algier, Tunis und Ägypten den »größesten Außendingen« zu viel Aufmerksamkeit schenkte, er den heiligen Augustinus hätte bei sich haben sollen, »an der Stelle aufgeschlagen, die Petrarca trifft, da er oben auf dem Mont Ventoux, neugierig das gewohnte kleine Buch öffnend, nichts als den Vorwurf findet, über Bergen, Meeren und Entfernungen von sich selber abzusehen«.[50] Auch ein französischer Brief an Jean Strohl[51] bestätigt, was der Petrarca-Brief für Rilke bedeutete. Da dieser Brief in Paris mit Rilkes eigenem Übersetzungsversuch verlorengegangen war, bittet Rilke, ihm den lateinischen Text und eine französische Übersetzung zu schicken, da er für seine Übersetzungsarbeit diesen Brief nicht entbehren konnte.[52] Er hält Petrarcas Unternehmen für »audacieuse«, ein seltenes Wagnis in seiner Zeit. Statt einer ausführlichen Schilderung des Ereignisses entdeckt Petrarca einen neuen »inneren Horizont« (un nouvel horizon interieur).

Rilke rät in seinem gleichnamigen Aufsatz dem »jungen Dichter«, daß er »wie Petrarca vor den zahllosen Aussichten des erstiegenen Berges zurück in die Schluchten seiner Seele flüchten« solle, »die, ob er sie gleich nie erforschen wird, ihm doch unaussprechlich näher gehn als jene zur Not erfahrbare Fremde«.[53]

In diesen Betrachtungen finden wir eine Vertiefung des Sehen-Lernens, in der sich äußeres und inneres Schauen durchdringen. Zwar unterscheidet sich die christliche Deutung der Verinnerlichung bei Augustinus und Petrarca von der Rilkes, doch ist ihnen die religiöse Inbrunst des Suchens gemeinsam. Rilke, als Künstler, suchte die Essenz des Geschauten mit dem Auge zu erfassen. Er hatte bei der Betrachtung von Cézannes Bildern in ihrer Farbenvielfalt natürliche Spiegelungen erkannt. Er schreibt an Clara am 22. Oktober 1907, daß ihn das Vorhandensein von Spiegelungen in der Natur immer sehr überraschte, wie zum Beispiel »das Abendrot des Wassers als dauernde Tönung im rauhen Grün von den Deckblättern der Nenuphars«.[54] Kaum eine Landschaft ist so reich an Spiegelungen wie die Provence in ihrer geheimnisvollen Rätselhaftigkeit. Märchenhaft scheinen die Träume ihrer Gewässer, der bizarre Wandel ihrer Felsformationen, das Dunkel der roten Erde. Ihre gleichsam durchsichtige Dunkelheit wird von wechselndem Licht durchstrahlt. Der Wandel bestimmt die Spiegelungen in der Natur. Bäume, die sich im See, Wolken, die sich im Meer spiegeln, sind abhängig vom Wehen des Windes, vom Wechsel der Gezeiten. Das Leben der Natur vollzieht sich im ständigen Wandel der Zeit; das Wesen des Bildes ist, daß es Bewegung und Stille zugleich enthält, Zeit im zeitlos Bleibenden.

>>Mag auch die Spiegelung im Teich
oft uns verschwimmen:
Wisse das Bild.<<

*Sonette an Orpheus, Erster Teil, IX*

Ein Bild wissen heißt, das Geschaute verinnerlichen und ihm durch Formgebung Dauer verleihen. Cézannes Kontrastierung und Überwindung des Kontrasts in Farben hat Rilke sprachkünstlerisch umgesetzt. So heißt es in den letzten Zeilen der *Sonette an Orpheus*:

>>Und wenn dich das Irdische vergaß,
zu der stillen Erde sag: Ich rinne.
Zu dem raschen Wasser sprich: Ich bin.<<

*Die Sonette an Orpheus, Zweiter Teil, XXIX*

*Dritte Reise*

»Die Reise war auf diese Art ausgezeichnet, ich genoß es ungemein, auf den natürlichen Straßen von Ort zu Ort sich zu steigern, man begreift die Landschaft, ... eines ergiebt sich aus dem andern und man faßt es ohne Mühe zum Ganzen zusammen und hört gar nicht auf, zu leben und zu gelten, – während in der Eisenbahn doch immer neutrale Stunden entstehen, die man einfach abwartet.«[55]

Um abschließend auf eine Autoreise Rilkes durch die Provence im Oktober 1911 – es war nur eine Nacht mit einem Rasttag in Avignon – zu sprechen zu kommen, ergibt sich folgendes, das Vorige ergänzende Bild:

Rilkes Wiederbegegnung mit der Provence, namentlich mit Avignon und dem Weg um den Papstpalast, stellt sich ihm, wie er Kippenberg schrieb, wie eine traumhafte Steigerung seiner früheren Erlebnisse dar. »...morgen ist Rast, ich freu mich, wenn es Tag wird, Avignon zu erkennen, heut abend träumt ichs nur, ich kam hinter dem Papst-Palast herum, und so sehr ich's gefaßt war, er stieg so wider die Sterne an, trieb sie, möchte man sagen, tiefer in die Himmel hinein, ich sah's nicht, es war wie Wesen im Traum, wo die Dinge unser Herz nehmen und davon leben über sich hinaus.«[56] Es fällt auf, daß Rilke dieses offene Bild der über sich hinauslebenden Dinge gleichsam mit auf seine Weiterreise nach Duino nahm. Denn gleich nach seiner dortigen Ankunft im Spätherbst 1911 faßte er seinen letzten Avignon-Eindruck im ersten Teil seines Gedichtes »Ich hielt mich überoffen« zusammen:

> Ich hielt mich überoffen, ich vergaß,
> daß draußen nicht nur Dinge sind und voll
> in sich gewohnte Tiere, deren Aug
> aus ihres Lebens Rundung anders nicht
> hinausreicht als ein eingerahmtes Bild; ...[57]

Rilke nimmt den Zustand des ›Überoffenen‹ durch Gestaltung im Gedicht zurück. Diese Intention äußert sich in der Metapher des eingerahmten Bildes an Stelle des im Traum geschauten, immer offenen Himmels von Avignon. Die Wiederbegegnung mit Avignon war für Rilke zugleich Rückkehr ins Vertraute – »... hier bin ich wie zuhause«, schrieb er an Kippenberg[58] – wie auch Kritik am Vertrauten in der Umsetzung ins Werk.

Nicht nur für Rilkes Kunstverständnis, sondern auch für die Klärung und poetische Formulierung seines religiösen Empfindens war Avignon von besonderer Bedeutung. Im fiktiven »Brief des jungen Arbeiters«[59], erst elf Jahre nach dem letzten Aufenthalt in Avignon geschrieben (Muzot, Februar 1922), schildert Rilke einen Aufenthalt mit einem Freund in Avignon mit folgenden Worten: »Einige Tage in Avignon sind mir unvergeßlich geblieben.« Er empfand es als besondere Gunst, »eine außerordentliche Stadt und eine mehr als gefällige Landschaft wahrzunehmen«.

Der junge Arbeiter – den wir wohl mit dem Autor identifizieren können – erlebte in Avignon »einen Zustand des Freiseins, ein Umgebensein von Offenem«, eine geheimnisvolle Einheit von Natur und Kosmos. Aus jenen Tagen, schreibt er, »stammt auch die Erfahrung, daß mir Gott zu sagen so leicht, so wahrhaftig sei«.

Er schildert, wie sich der Papstpalast über einer »in die felsigen Grundfesten« eingemauerten Heraklesfigur erhob, für ihn ein Symbol der sich wandelnden Kontinuität religiösen Empfindens, das sich auf der Offenbarung der Natur gründet.

Während es Rilke bei seinem ersten Aufenthalt in Avignon mehr um die Kritik der Avignonschen Päpste ging, liegt hier, in dieser späten Erinnerung, das Schwergewicht auf dem Erspüren göttlicher Kraft im menschlichen Werk.

So bedeutend waren für Rilke die Eindrücke der Provence, daß er noch ein Jahr vor seinem Tod die Hoffnung hegte, in die Provence zu ziehen, um inzwischen vertieften Erinnerungen neuen Ausdruck zu geben: »so wie Muzot der Zyklus der Elegien geschlossen hatte, so mochte die Provence Worte und

Bilder bergen, die seit 1909 Zeit gehabt hatten, zu reifen, und die sich vielleicht bald in neuer Verbindung entfalten würden«.[60]

Irina Frowen

Zitate werden, soweit nicht anders angegeben, nach folgenden Textausgaben zitiert (Ausgaben ohne Verlagsangabe sind im Insel Verlag erschienen):

*SW I-VI:* Rainer Maria Rilke, *Sämtliche Werke.* Hg. vom Rilke-Archiv. In Verbindung mit Ruth Sieber-Rilke besorgt durch Ernst Zinn. Band I-VI. Wiesbaden, Frankfurt a. M. 1955-1966.

*GBr I-VI:* Rainer Maria Rilke, *Gesammelte Briefe in sechs Bänden.* Hg. Ruth Sieber-Rilke und Carl Sieber. Leipzig 1936-1939.

*Rilke-Chronik:* Ingeborg Schnack, *Rainer Maria Rilke. Chronik seines Lebens und seines Werkes.* Frankfurt a. M. 1975. Band I (1875-1918), Band II (1918-1926).

1 An Clara Rilke, 18. 10. 1907, in: GBr II, S. 430.
2 An Gertrud Ouckama-Knoop, Muzot 26. 11. 1921, in: GBr V, S. 49.
3 An Rosa Schobloch, Paris 17. 11. 1909, zitiert in: Rilke-Chronik I, S. 337.
4 An Clara Rilke, Paris 8. 9. 1908, in: GBr III, S. 50.
5 An Clara Rilke, 7. 10. 1907, in: GBr II, S. 403.
6 Siehe Brief Rilkes an Merline (d. i. Baladine Klossowska) vom 16. 12. 1920; der französische Originaltext aus: *Rainer Maria Rilke et Merline, Correspondance 1920-1926.* Redaction: Dieter Bassermann, Zürich: Niehaus, 1954, S. 130, lautet: »Ca m'a penetre comme une fleche quand j'ai su cela, mais comme une fleche flamboyante qui en percant mon cœur, le laissait dans un incendie de clairvoyance.«
7 An Clara Rilke, Paris 10. 10. 1907, in: GBr II, S. 414.
8 An Clara Rilke, Paris 22. 10. 1907, in: GBr II, S. 447.

9 An Clara Rilke, 13. Oktober 1907, in: Rainer Maria Rilke, *Briefe über Cézanne*. Hg. Clara Rilke. Besorgt und mit einem Nachwort versehen von Heinrich Wiegand Petzet. Frankfurt a. M.: insel taschenbuch 672, 1983, S. 40.
10 An Clara Rilke, Paris 28. 5. 1909, in: GBr III, S. 63.
11 Rainer Maria Rilke, *Briefe an Karl und Elisabeth von der Heydt 1905-1922*. Hg. Ingeborg Schnack und Renate Scharffenberg. Frankfurt a. M. 1986, S. 162 (Paris 12. 6. 1909).
12 Rainer Maria Rilke, *Briefe an Sidonie Nádherný von Borutin*, Hg. Bernhard Blume. Frankfurt a. M. 1973, S. 102 (Paris, 5. 8. 1909).
13 An Karl von der Heydt, 12. 6. 1909, in: Rainer Maria Rilke, *Die Briefe an Karl und Elisabeth von der Heydt 1905-1922*. A. a. O., S. 162.
14 Joachim Gasquet, *Gespräche mit Cézanne*. Diogenes Taschenbuch 21974. S. 193 f.
15 Siehe Joachim Gasquet, »Was er mir gesagt hat«, Kapitel aus der deutschen Übersetzung seines Buches unter dem Titel *Cézanne* (Berlin, 1930), S. 136.
16 An Paula Modersohn-Becker, Paris 5. 2. 1907, in: GBr II, S. 256.
17 Rainer Maria Rilke, *Requiem für eine Freundin*, in: SW I, S. 647.
18 Rainer Maria Rilke, *Die Sonette an Orpheus*, Erster Teil, X, in: SW I, S. 737.
19 SW VI, S. 943.
20 *Rainer Maria Rilke/Lou Andreas-Salomé, Briefwechsel*. Hg. Ernst Pfeiffer. Frankfurt a. M. 1975, S. 230 (Paris, 23. 10. 1909).
21 Ebd., S. 230.
22 Ebd.
23 Ebd., S. 231.
24 Rainer Maria Rilke, *Briefe aus Muzot 1921 bis 1926*. Hg. Ruth Sieber-Rilke und Carl Sieber. Leipzig 1935, S. 329.
25 An Witold Hulewicz, Muzot 10. 11. 1925, in: GBr V, S. 366 f.
26 An Lou Andreas-Salomé, 23. 10. 1909, a. a. O., S. 231.

27 An Witold Hulewicz, a.a.O., S. 367.
28 Rainer Maria Rilke, *Briefe aus Muzot 1921 bis 1926*, a.a.O., S. 328.
29 Rainer Maria Rilke, *Die Aufzeichnungen des Malte Laurids Brigge*, in: SW VI, S. 943.
30 Martin Heidegger, *Über den Humanismus*. Frankfurt a.M.: Klostermann, 1949, S. 75.
31 SW I, S. 329.
32 SW I, S. 511.
33 SW II, S. 46f.
34 SW VI, S. 949.
35 SW VI, S. 922.
36 SW VI, S. 922.
37 Rainer Maria Rilke und Marie von Thurn und Taxis, *Briefwechsel*. Besorgt durch Ernst Zinn. Zürich und Wiesbaden 1951. Bd. 1, S. 366.
38 An Marie von Thurn und Taxis, 12. 3. 1914, ebd.
39 An Marie von Thurn und Taxis, 12. 3. 1914, ebd., S. 367.
40 An Marie von Thurn und Taxis, ebd., S. 367f.
41 An Lou Andreas-Salomé, 23. 10. 1909, a.a.O., S. 230.
42 An Hans Von der Mühll, Genf 12. 10. 1920, in: GBr IV, S. 321.
43 An Marie von Thurn und Taxis, 12. 3. 1914, a.a.O., S. 368.
44 SW VI, S. 921.
45 An Marie von Thurn und Taxis, 12. 3. 1914, a.a.O., S. 368.
46 An die »köstliche alte Apotheke« in Carpentras erinnert sich Rilke noch in einem Brief an Ite Liebenthal vom 18. 1. 1922, zitiert in: Rilke-Chronik, S. 775f.
47 An Francesco Dionigi von Borgo San Sepolcro in Paris, in: Petrarca, *Dichtungen, Briefe, Schriften*. Hg. Hanns W. Eppelsheimer. Frankfurt a.M. 1980.
48 Siehe Rainer Maria Rilke, *Übertragungen*. Hg. Ernst Zinn und Karin Wais. Frankfurt a.M. 1975, S. 294f.
49 Brief an Anton Kippenberg vom 28. 6. 1911, in: Rainer Maria Rilke, *Briefwechsel mit Anton Kippenberg 1906 bis 1926*. Hg. Ingeborg Schnack und Renate Scharffenberg. Frankfurt a.M. und Leipzig 1995, Bd. I, S. 261.

50 An Lily Schalk in Wien, Paris 14. 5. 1911, in: GBr III, S. 133.
51 An Jean Strohl, Muzot 6. 1. 1922, Auszug in: Rilke-Chronik, S. 774.
52 Vgl. Rilke-Chronik, S. 774: »Strohl möge ihm den lateinischen Text senden, sodann eine französische Übersetzung und ein lateinisch-deutsches Wörterbuch.«
53 »Über den jungen Dichter« (1914), in: SW VI, S. 1032.
54 An Clara Rilke, Paris 22. 10. 1909, in: GBr II, S. 448.
55 An Sidonie Nádherný, 30. 8. 1911, in: Rainer Maria Rilke, *Briefe an Sidonie Nádherný von Borutin*. A. a. O., S. 133.
56 An Anton Kippenberg, Avignon 14. 10. 1911, in: Rainer Maria Rilke, *Briefwechsel mit Anton Kippenberg 1906 bis 1926*. A. a. O., Bd. I, S. 291.
57 Rainer Maria Rilke, *Werke*. Kommentierte Ausgabe in vier Bänden. Hg. Manfred Engel, Ulrich Fülleborn, Horst Nalewski und August Stahl. Band 2: *Gedichte 1910 bis 1926*. Frankfurt a. M. und Leipzig 1996, S. 17.
58 An Anton Kippenberg, Avignon 14. 10. 1911, a. a. O., S. 290.
59 »Der Brief des jungen Arbeiters« (1922), in: *Werke*. Kommentierte Ausgabe in vier Bänden. Hg. Manfred Engel, Ulrich Fülleborn, Horst Nalewski, August Stahl. Band 4: *Schriften*. Frankfurt a. M. und Leipzig 1996, S. 735-747.
60 Maurice Betz, *Rilke in Frankreich. Erinnerungen. Briefe. Dokumente*. Aus dem Französischen übersetzt von Willi Reich. Wien, Leipzig und Zürich: Herbert Reichner Verlag, 1938, S. 200.

## Zu dieser Ausgabe

Gedichte und Prosatexte Rilkes werden zitiert nach der Ausgabe: Rilke, *Sämtliche Werke*. Hg. vom Rilke Archiv. In Verbindung mit Ruth Sieber-Rilke besorgt durch Ernst Zinn. Band I-VI. Wiesbaden, Frankfurt a. M. 1955-1966 bzw. nach: Rilke, *Kommentierte Ausgabe in vier Bänden*. Hg. Manfred Engel, Ulrich Fülleborn, Horst Nalewski und August Stahl. Frankfurt a. M. und Leipzig 1996;

Briefe Rilkes an Hedwig Fischer, Witold Hulewicz, Paula Modersohn-Becker, Clara Rilke, Alfred Schaer und Lily Schalk nach der Ausgabe: Rilke, *Gesammelte Briefe in sechs Bänden*. Hg. Ruth Sieber-Rilke und Carl Sieber. Leipzig 1937-1939;

Briefe Rilkes an Ite Liebenthal, Hans von der Mühll, Rosa Schobloch und Mathilde Vollmoeller nach der Ausgabe: Ingeborg Schnack, *Rainer Maria Rilke. Chronik seines Lebens und seines Werkes*. Frankfurt a. M. 1975;

Briefe Rilkes an Lou Andreas-Salomé nach der Ausgabe: Rilke/Lou Andreas-Salomé, *Briefwechsel*. Hg. Ernst Pfeiffer. Frankfurt a. M. 1975;

Briefe Rilkes an Karl und Elisabeth von der Heydt und Edith von Bonin nach der Ausgabe: Rilke, *Die Briefe an Karl und Elisabeth von der Heydt. 1905-1922*. Hg. Ingeborg Schnack und Renate Scharffenberg. Frankfurt a. M. 1986;

Briefe Rilkes an Anton Kippenberg nach der Ausgabe: Rilke, *Briefwechsel mit Anton Kippenberg*. Hg. Ingeborg Schnack und Renate Scharffenberg. Frankfurt a. M. und Leipzig 1995;

Briefe Rilkes an Sidonie Nádherný von Borutin nach der Ausgabe: Rilke, *Briefe an Sidonie Nádherný von Borutin*. Hg. Bernhard Blume. Frankfurt a. M. 1973;

Briefe Rilkes an Auguste Rodin nach der Ausgabe: *Rilke und Auguste Rodin* (in Vorbereitung);

Briefe Rilkes an Marie von Thurn und Taxis nach der Ausgabe: Rilke/Marie von Thurn und Taxis, *Briefwechsel*. Besorgt durch Ernst Zinn. Zürich und Wiesbaden 1951.

In die Textgestalt der Briefe wurde nur dann normierend eingegriffen, wenn dies mit Rücksicht auf eine einheitliche Textgestalt dieser Auswahl erforderlich erschien (Modernisierung von ›th‹ zu ›t‹ und Modernisierung der Dehnungszeichen); in die Interpunktion wurde nicht eingegriffen. Titel in spitzwinkliger Klammer stammen von der Herausgeberin.

*Inhalt*

Les-Saintes-Maries-de-la-Mer · 9
Aix-en-Provence · 17
Arles · 33
Les Baux · 39
Avignon · 55
Orange · 73
Carpentras/Mont Ventoux · 79

Irina Frowen, Rilke und die Provence · 87
Zu dieser Ausgabe · 124